2/95

HONTEUX PERSONNAGES
PERSONNAGES
de L'HISTOIRE
du QUÉBEC

DU MÊME AUTEUR:

La Scandaleuse Nouvelle-France: histoires scabreuses et peu édifiantes de nos ancêtres, Montréal, Éditions internationales Alain Stanké, 2002, 240 p.

Les premières inventions québécoises, Montréal, Éditions Quebecor, 1994, 382 p.

D'un pays à l'autre. Mille et un faits divers au Québec (1600-1900), Sainte-Foy, Éditions Anne Sigier, 1994, 234 p.

Peau aimée, Paris, Les paragraphes littéraires de Paris, 1976, 62 p.

En collaboration:

Giguère, Guy, Luc Noppen et Jean Richard, *La maison Maizerets-Le Château Bellevue,* Québec, Éditeur officiel du Québec, 1978, 122 p.

Guy Giguère

HONTEUX PERSONNAGES
de L'HISTOIRE
du QUÉBEC

Faits troublants sur nos élites et nos héros, de 1600 à 1900

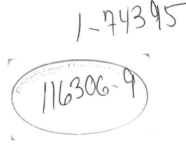

Stanké
@ QUEBECOR MEDIA

Données de catalogage avant publication (Canada)

Giguère, Guy, 1953-

  Honteux personnages de l'histoire du Québec (1600-1900)

  Comprend un index.

  ISBN 2-7604-0876-0

  1. Québec (Province) - Histoire - Biographies. 2. Canada - Histoire - Jusqu'à1763 (Nouvelle-France) - Biographies. 3. Québec (Province) - Mœurs et coutumes - Scandales - Québec (Province) - Histoire. I. Titre.

FC2905.G53 2002   971.4'009'9   C2002-941048-7
F1051.G53 2002

Dépôt légal: Bibliothèque nationale du Québec, 2002

Le Conseil des Arts | The Canada Council
du Canada | for the arts
depuis 1957 | since 1957

Les Éditions internationales Alain Stanké remercient le Conseil des arts du Canada et la Société de développement des entreprises culturelles (SODEC) de l'aide apportée à leur programme de publication.

Nous reconnaissons l'aide financière du gouvernement du Canada par l'entremise du Programme d'aide au développement de l'industrie de l'édition (PADIÉ) pour nos activités d'édition.

Gouvernement du Québec – Programme de crédit d'impôt pour l'édition de livres – Gestion Sodec

Les Éditions internationales Alain Stanké
615, boulevard René-Lévesque Ouest
Bureau 1100
Montréal (Québec)
H3B 1P5
Tél.: (514) 396-5151
Téléc.: (514) 396-0440
editions@stanke.com

Stanké international
12, rue Duguay-Trouin
75006 Paris
Tél.: 01.45.44.38.73
Téléc.: 01.45.44.38.73
edstanke@cybercable.fr
www.stanke.com

IMPRIMÉ AU QUÉBEC (Canada)

Diffusion au Canada: Québec-Livres
Diffusion hors Canada: Inter Forum

À Isa-Alexandre et à François
Bizou et clin d'œil.

L'homme est plein d'imperfections
mais on ne peut que se montrer indulgent
si l'on songe à l'époque où il fut créé.
Alphonse Allais

INTRODUCTION

Le bien et le mal.
L'ange et le diable.
La nature humaine.

La nature humaine: quelle aventure! Comme tous les bouffeurs d'informations, je la vois s'exciter devant mes yeux tous les jours, l'aventure humaine, en lisant le journal et en regardant les nouvelles télévisées. Comme tout le monde, j'en retire une puissante sensation de vibrer au rythme du quotidien de l'humanité en pleine action et ce n'est surtout pas l'action qui manque. Puisque les anges heureux n'ont pas d'histoire, paraît-il, le diable et ses drames occupent donc beaucoup de place dans l'actualité.

C'est en lisant mes journaux d'un certain samedi matin que l'idée de ce livre se mit à prendre forme. Lorsqu'il s'agit des moins belles facettes de l'*homo* prétendu *sapiens*, les journaux et la télévision nous en mettent plein la figure. Nous le constatons tous, les drames de l'*homo sapiens* ont parfois des allures d'abus de pouvoir, de fraude, de scandale sexuel, de meurtre passionnel et j'en passe des vertes et des pas mûres.

En affichant à la une des drames humains, les médias provoquent, choquent et ébranlent nos petits cœurs sensibles. En réaction, on entend souvent des opinions semblables à celles-ci: «On ne voyait pas ça, avant, des saloperies pareilles!» ou «Notre société est pourrie et s'en va chez le diable!» ou encore «Dans le passé, les gens étaient plus respectueux et avaient plus le sens des vraies valeurs.» Pour se consoler et se rassurer, voici qu'on se met à inventer une oasis des anges, un paradis perdu, car, dans *le bon vieux temps*, c'était, pense-t-on, beaucoup mieux.

Mais que sait-on vraiment sur ce qui se passait avant? Et si on s'amusait un peu en allant faire un petit voyage dans le *paradis perdu*, pour voir si fréquenter l'histoire peut davantage éclairer ce présent jugé si décadent?

Voici donc un livre qui devrait nous permettre de nous rendre compte que nos très chers ancêtres vénérés, autant que nous aujourd'hui, buvaient, tuaient, fraudaient, abusaient, scandalisaient. Pour découvrir qu'ils étaient comme nous: tantôt angéliques, tantôt diaboliques, ni meilleurs, ni pires. Considérant la masse de renseignements trouvés pour ce projet, ce n'est pas un livre que j'aurais dû écrire mais bien l'encyclopédie des horreurs. Les tribunaux, par exemple, sont un bon indicateur des drames d'une société. Pour vous donner une petite idée du nombre de causes présentées et jugées par le tribunal du Conseil souverain (équivalent de la Cour suprême de nos jours), on obtient 4 volumes totalisant plus de 4 000 pages, pour la période de 1663 à 1704. En Nouvelle-France, le diable ne chômait pas et, comme aujourd'hui, il n'en avait tout simplement pas le temps!

Un livre, pour apprendre des choses qu'on ignorait sur quelques vedettes de notre histoire. Savez-vous pourquoi Frontenac décide de venir ici en 1672 et pourquoi il fait un retour forcé en France en 1682? Pierre Le Moyne d'Iberville soulève l'admiration générale, mais je ne suis pas certain qu'une dénommée Geneviève partage ce sentiment. Les résidents de l'île Perrot seront-ils toujours aussi fiers du toponyme de leur petite île chérie? Faut-il mettre en doute la moralité et la notoriété de Madeleine de Verchères?

Un livre, pour se rendre compte, finalement, que la bêtise humaine prend racine partout, peu importe l'époque. Le rang social, le prestige, le compte de banque et les diplômes n'étant surtout pas des garanties absolues d'angélisme, il se trouvera toujours quelques petits diables qui se métamorphoseront, par exemple, en personnalités publiques, au grand déplaisir du peuple qui exige de ses élites rien de moins que la perfection totale. Entre vous et moi, il n'est pas interdit de rêver.

Un livre, pour voir à qui ressemble le diable au Québec de 1600 à 1900.

L'ATTENTAT CONTRE CHAMPLAIN

Peu après le 3 juillet 1608, le célèbre fondateur de la ville de Québec échappe de peu à une tentative de meurtre. L'homme qui veut s'en prendre à la vie de Samuel de Champlain se nomme Jean Duval[1]. Serrurier de métier, Duval fait partie du groupe d'ouvriers ayant la tâche de construire la fameuse *habitation*. La Vieille Capitale est à peine naissante que déjà un scandaleux personnage rôde dans les parages.

Fait intéressant à propos de Champlain, cet illustre navigateur et explorateur a rédigé un journal personnel relatant ses voyages en Nouvelle-France[2] et dans lequel il fait mention de ce triste événement qui a failli lui être fatal. Voyons les faits.

Assisté d'un collaborateur nommé François Pont-Gravé, Champlain va effectuer son troisième voyage en Nouvelle-France. Le navire de Pont-Gravé quitte le port de Honfleur le 5 avril 1608 et, celui de Champlain, le 13 avril. Le 3 juin suivant, les explorateurs font escale à Tadoussac, à proximité de l'embouchure de la rivière Saguenay. Pont-Gravé reste à Tadoussac et Champlain, le 30 juin, continue son périple à destination de Québec où il arrive le 3 juillet.

Une fois sur place, Champlain note dans son journal: «Je cherchai un lieu propre pour notre habitation, mais je n'en pus trouver de plus commode, ni mieux situé que la pointe de Québec, ainsi appelé des Sauvages[3] [Amérindiens].» Puis il donne des précisions sur son plan de travail: «Aussitôt j'employai une partie de nos ouvriers à les abattre [les arbres] pour y faire notre habitation, l'autre à scier des ais, l'autre à fouiller [creuser] la cave [...]. La première chose que nous fîmes fut le magasin pour mettre nos vivres à couvert.»

Quelques jours après le 3 juillet 1608, Champlain est mis au courant qu'un complot se trame: on vise à l'assassiner. Il apprend que Jean Duval a réussi à convaincre quatre comparses d'exécuter leur patron dans le but de céder l'habitation à des Basques ou à des Espagnols installés à Tadoussac, en contrepartie d'une somme d'argent. Comment doit-on tuer Champlain? Le groupe a planifié deux façons et il les décrit dans son journal personnel: «Ils arrêtèrent de me prendre à dépourvu d'armes et m'étouffer ou donner la nuit une fausse alarme et, comme je sortirais, tirer sur moi.» Le groupe de comploteurs avait établi une règle de discrétion: celui qui dévoile l'affaire sera poignardé. Sans doute pris de remords, un des membres du groupe, Antoine Nantel, va tout raconter à un proche de Champlain, le capitaine Têtu qui, à son tour, en informe Champlain. Sitôt prévenu, celui-ci passe à l'action pour piéger ses ennemis. Il demande à quelqu'un d'attirer les complices dans une barque en leur promettant de leur faire boire deux bonnes bouteilles de vin. Le coup réussit et on les capture.

Champlain va par la suite constituer un genre de tribunal composé de quelques personnes pour entendre les témoins et pour décider de la sentence. Jean Duval va payer cher son projet d'assassinat et Champlain décrit le sort réservé à ce malheureux individu: «Jean Duval qui fut pendu et étranglé audit Québec et sa tête mise au bout d'un piquet pour être planté au lieu le plus éminent de notre fort.»

Si on tient compte de l'opinion de l'explorateur et historien Marc Lescarbot, qui a déjà séjourné en Acadie en 1606, la mésaventure de Champlain n'était cependant pas un fait isolé ou exceptionnel. Un long voyage en mer comporte des dangers certains, mais, à l'époque, il faut aussi se méfier du comportement de l'équipage. Lescarbot commente ainsi l'affaire Duval:

> Mais comme nos Français se sont presque toujours trouvés mutins en telles actions, ainsi y en eut-il entre ceux-ci qui conspirèrent contre ledit Champlain leur capitaine, ayant délibéré de le mettre à mort [...]. J'entends que leur plainte était pour les vivres, lesquels ne leur étaient point distribués assez abondamment à leur gré. Mais il est fort difficile de contenter une populace accoutumée à la gourmandise, tels que sont beaucoup de manœuvriers [matelots] en France, qui toujours grommellent [se plaignent] et sont insatiables, comme nous en avons vu plusieurs en notre voyage[4].

UN SORCIER DÉTRUIT UN MARIAGE

Le 2 novembre 1658, René Besnard doit répondre de ses actes devant la justice parce qu'il est formellement accusé d'avoir eu recours à une pratique de sorcellerie, celle d'avoir *noué l'aiguillette,* dans le but de rendre complètement stérile l'union de Marie Pontonnier et de Pierre Gadois.

Quelle est au juste cette mystérieuse pratique de nouer l'aiguillette? Dans sa recherche sur la mésaventure de Pierre Gadois, l'ethnologue Robert-Lionel Séguin l'explique:

> Cette vieille coutume, dont les premières traces remontent en plein Moyen-Âge, se pratique assez couramment en France au XVIe siècle. Nouer l'aiguillette, d'après un texte ancien, consiste à «former trois nœuds à une bandelette, en récitant certaines formules magiques, sur un tombeau ou dans un lieu consacré. C'est une sorte de maléfice auquel ont recours les jaloux et les amantes délaissées, pour empêcher un nouvel époux de consommer le mariage». De là, «noueur» ou «noueuse d'aiguillette», qui est celui ou celle auxquels la crédulité générale attribuait le pouvoir de frapper les jeunes époux d'impuissance[5].

Originaire d'Anjou (France), âgé de 30 ans et militaire affecté à la garnison de Montréal, René Besnard fait la cour à la jeune Marie Pontonnier dont il est éperdument amoureux. Âgée de 15 ans, Marie est une *fille du roi* placée sous la tutelle de Jeanne Mance et elle réside d'ailleurs à l'Hôtel-Dieu de Montréal. Besnard ne réussit pas cependant à ravir le cœur de la jeune femme qui s'intéresse plutôt à Pierre Gadois, un agriculteur et un fabricant d'armes âgé de 25 ans, originaire du Perche.

En présence de témoins, dont Jeanne Mance et Lambert Closse, le contrat de mariage est signé le 6 mai 1657 chez le notaire Jean de Saint-Père et on prépare la noce. Mais attention, le prétendant délaissé, René Besnard, n'a pas du tout l'intention de lâcher prise. Selon les témoignages entendus lors de son procès, il aurait eu le culot de se précipiter chez la future mariée pour lui proférer des menaces, pour l'avertir que ses pouvoirs de sorcier la rendraient stérile et que la seule façon d'annuler ce maléfice serait, et tenez-vous bien, d'avoir une relation sexuelle avec lui, sans quoi son mari demeurerait impuissant.

Terrifiée, Marie parle de cette menace à son futur époux et le curé est mis au parfum de l'histoire. Il est décidé que le mariage aura quand même lieu et la célébration se déroule le 12 août 1657 dans l'église de Ville-Marie (Montréal); pour annuler le sort, on conseille à Gadois de réciter à l'envers la prière latine *Miserere* lors de la bénédiction. Les jours, les semaines, les mois passent et Marie n'est toujours pas enceinte. Mis au courant du malheur affligeant ce couple, Mgr de Laval convoque les époux à Québec pour bénir une seconde fois ce mariage.

Autre temps, autres mœurs, l'Église catholique de l'époque prévoit même des mesures particulières dans de tels cas. Dans le *Rituel du diocèse de Québec*, à l'article numéro huit, intitulé *Prières pour les personnes mariées qui sont empêchées par maléfice ou sortilège d'user du mariage*, on peut lire ces recommandations:

Il arrive quelquefois que par un juste jugement de Dieu les personnes mariées sont empêchées par maléfice ou sortilège de consommer le mariage, soit pour punir l'infidélité ou le libertinage des hommes, soit pour exercer leur foi et leur patience. En ces occasions les curés les doivent consoler charitablement et leur conseiller de se contenir pendant quelque temps pour vaquer à la prière, se confesser et communier si on le juge à propos, afin qu'il plaise à Dieu de rompre ce maléfice: et s'il continue il faudra Nous [l'évêque] consulter pour savoir si nous jugerons à propos qu'on emploie les exorcismes et les prières de l'Église. Surtout, il faudra bien leur recommander de se soumettre aux ordres de Dieu et cela en esprit de pénitence, de ne point demander à l'auteur du maléfice qu'il le fasse cesser par un autre semblable, n'en accuser ni soupçonner personne témérairement, de ne point user de superstitions, comme celle de renoncer au premier consentement et de contracter de nouveau mariage, ce qui fait beaucoup d'injure au sacrement [du mariage] et ne peut venir que du démon[6].

Finalement, il semble que rien au monde ne puisse résoudre ce troublant mystère. Les époux décident de porter plainte contre René Besnard, en l'accusant de sorcellerie, et Paul de Chomedey de Maisonneuve, le fondateur de Montréal, ordonne la tenue d'un procès le 2 novembre 1658. Par la suite, soit le 31 août 1660, les autorités religieuses annulent officiellement ce mariage. La raison stipulée dans le document d'annulation est «à cause [de] l'impuissance perpétuelle causée par maléfice».

Après avoir subi son procès et fait un séjour au cachot, le tribunal libère René Besnard mais on lui interdit de rester à Montréal. Il choisit d'aller vivre à Trois-Rivières où il épouse Marie Cédilot le 2 février 1666.

Le 3 novembre 1660, soit deux mois après l'annulation du mariage, Marie Pontonnier a épousé Pierre Martin qui sera décapité par des Iroquois en mars 1661. Le 5 décembre 1661, Marie épouse le chapelier Honoré Langlois. Elle meurt à Montréal le 7 janvier 1718 et, oui, elle a eu une progéniture: un enfant du second mariage et dix enfants du troisième mariage.

Quant à Pierre Gadois, il épouse Louise Mauger le 20 avril 1665. «Impuissance perpétuelle» a-t-on conclu? Gadois aura une joyeuse marmaille de 14 enfants! Il décède à Montréal le 8 mai 1714.

La guérilla des gros ego

Le torchon brûle entre le chef de l'Église en Nouvelle-France, Mgr de Laval, et le chef du gouvernement civil, Pierre de Voyer d'Argenson. La tension monte à un tel point que les deux hommes en viennent presque aux coups en février 1661. «Grande brouillerie [mécontentement] entre les puissances [les dirigeants]: on en pensa venir aux extrémités au sujet d'une sentence portée par monseigneur l'Évêque[7]», mentionne un prêtre jésuite dans ses écrits.

Effectivement, la présence simultanée de ces deux personnages aux commandes de la colonie n'est pas de tout repos et va même empoisonner la vie sociale à Québec de 1658 à 1661. Les couteaux volent bas, plusieurs leaders de la communauté le déplorent et on n'apprécie pas du tout ce combat de coqs se déroulant sans cesse sur la place publique. Avant de constater les dégâts, voici quelques notes biographiques sur les deux hommes.

François de Laval naît le 30 avril 1623; sa famille, les Montmorency, appartient à la noblesse. Louis XIV le nomme chef de l'Église en Nouvelle-France et, le 16 juin 1659, il arrive à Québec dont il est le premier évêque. Il occupe cette fonction de 1658 à 1688. Son œuvre est importante: il établit les assises de l'Église au Canada, fonde le Séminaire de Québec (1663) et le Petit Séminaire de Québec (1668), et mène un combat acharné contre la vente d'alcool aux Amérindiens. Il décède à Québec le 6 mai 1708.

Pierre de Voyer d'Argenson est le gouverneur de la Nouvelle-France durant une très brève période: de 1658 à 1661. Issu lui aussi de la noblesse, il naît en novembre 1625 et décède en 1709 en Touraine (France). Officier dans la garde du roi, puis conseiller d'État, il est âgé de 32 ans quand on le nomme gouverneur; il arrive à Québec le 11 juillet 1658.

Revenons maintenant dans l'arène et à nos deux pugilistes. Les Jésuites n'osent plus recevoir seul l'évêque de peur de froisser *Monsieur* le gouverneur. Le 1er décembre 1659, par exemple, à la suite d'une cérémonie religieuse, «personne ne fut invité au réfectoire pour dîner dont la raison principale est que d'inviter l'évêque sans le gouverneur cela ferait jalousie et l'un ne veut pas quitter à l'autre pour le premier rang», relate un témoin.

Quelle place chacun doit-il occuper dans la cathédrale? Encore ici, toute une controverse protocolaire. Mgr de Laval prétend que seul l'évêque a le droit d'être dans le chœur. Ce sera finalement l'ancien gouverneur, M. D'Ailleboust, qui aidera à trouver le compromis: le banc de l'évêque sera placé à l'intérieur de la balustrade tandis que celui du gouverneur sera à l'extérieur de la balustrade, au milieu du temple[8].

Peu après la messe de minuit de Noël 1659, le gouverneur pique une colère et prétend avoir été humilié publiquement quand, durant la messe, c'est un simple thuriféraire qui l'a encensé au lieu du diacre; il exige aussi d'être encensé non pas après les personnes présentes dans le chœur mais immédiatement après l'évêque. Encore une fois, les Jésuites proposent une médiation.

La tension monte encore d'un cran et on se lance des injures quand le gouverneur apprend qu'il n'est désormais plus, comme le veut la tradition, un marguillier honoraire. Le 28 octobre 1660, «l'Évêque ayant tenu assemblée des marguilliers est déclaré monsieur le Gouverneur n'être plus marguillier honoraire et ce, sans lui avoir parlé, le 30 [octobre] suivant, monsieur le Gouverneur se trouva à l'assemblée des marguilliers [où] plusieurs paroles se dirent peu respectueuses», signale-t-on dans les *Relations des Jésuites*.

En février 1661, l'évêque et le gouverneur sont invités au collège des Jésuites. D'Argenson se fait tirer l'oreille, hésite à confirmer sa participation «en cas qu'on y salua monsieur l'Évêque devant lui». On trouve la solution en ordonnant aux enfants de cette école de ne saluer ni l'un ni l'autre. Mais deux élèves oublient de respecter la consigne et saluent le gouverneur en premier, «ce qui offensa puissamment monsieur l'Évêque que nous tâchâmes d'apaiser». Le lendemain, les deux élèves fautifs, Charles Couillard et Ignace de Repentigny, sont punis par des coups de fouet pour ne pas avoir respecté la consigne protocolaire.

Lors des processions religieuses, la coutume veut que le premier rang soit formé par les marguilliers.

Monsieur D'Argenson veut changer l'ordre établi en plaçant des personnes de son choix à l'avant des marguilliers. Vous aurez immédiatement deviné que Mgr de Laval prépare la riposte: en février 1661, il abolit tout simplement les processions religieuses.

Dernier épisode de ce triste spectacle des horreurs de l'orgueil et de la vanité. La procession de la Fête-Dieu de l'année 1661 se tient le 16 juin. Mgr de Laval prend bien soin d'avertir D'Argenson de ne pas lui refaire le coup de l'année précédente et menace de ne pas s'arrêter au reposoir du Fort (celui du gouverneur) si les soldats gardent le képi sur la tête au passage du Saint-Sacrement. Les gens de mauvaise foi n'ont aucune limite et ont le don d'exploiter chaque faille d'un contrat. Ainsi, D'Argenson promet à l'évêque que les soldats enlèveront le képi au passage du Saint-Sacrement, mais, comme l'évêque n'avait pas demandé et bien précisé que les soldats devaient aussi s'agenouiller, ceux-ci restent alors debout. Furieux, Mgr de Laval exige des explications du gouverneur et «la réponse, ayant été que les soldats étaient en leur devoir étant debout, monsieur l'Évêque passa outre et n'apporta pas le Saint-Sacrement au reposoir», constate et déplore encore une fois un témoin jésuite.

Un vendeur d'alcool excommunié

Pierre Aigron est l'un des premiers en Nouvelle-France à subir les foudres de son évêque. Mgr de Laval décide d'exclure de l'Église catholique cet individu qui s'entête, malgré les interdictions, à procurer de l'alcool aux Amérindiens. D'autres faits démontrent d'ailleurs que le monsieur Aigron manifeste une nature plutôt antisociale.

Aigron est natif de la région de La Rochelle et arrive à Québec en 1660; il exerce le métier de maître de barque et épouse, à Québec, Marie-Madeleine Doucet, le 18 janvier 1663[9].

Dès les débuts de la colonie, les autorités constatent que la vente d'alcool aux Amérindiens cause des problèmes sociaux graves. Il devient donc urgent d'enrayer ce fléau. Un jugement du Conseil souverain, daté du 28 septembre 1663, résume très clairement la situation:

> Sur ce qui a été remontré par le procureur général du Roi que depuis le commencement de cette colonie la traite des boissons enivrantes aux Sauvages [Amérindiens] avait toujours été prohibée et défendue sous peine d'amende arbitraire à cause de la furie dans laquelle ces peuples se trouvent dans l'ivresse et qu'il est pour constant qu'ils ne veulent boire que pour s'enivrer et que nonobstant la recherche et la punition des contre-venants ce désordre s'est trouvé à tel point qu'étant venu à la connaissance de Sa Majesté, par arrêt du Conseil d'État du Roi donné le sept mars 1657, il aurait été fait défense de traiter des dites boissons aux Sauvages sur peine de

punition corporelle, qu'au mépris des dites défenses, et des censures de l'Église qui seraient intervenues, ce malheureux commerce avait toujours continué et notamment depuis deux ans [...]. IL EST FAIT défense à toutes personnes de quelque qualité et condition qu'elles soient, de traiter ni donner directement ni indirectement aucune boisson enivrante aux Sauvages pour quelque cause et sous quelque prétexte que ce soit, pas même un coup, sous peine pour la première fois de trois cents livres d'amende applicable le tiers au dénonciateur, le tiers à l'Hôtel-Dieu et l'autre tiers au fisc, et en cas de récidive du fouet ou du bannissement[10].

À l'époque, le bannissement était une peine criminelle courante qui consistait à expulser d'une ville ou d'un pays une personne ayant commis une faute grave. Une amende de trois cents livres représente à l'époque une importante somme d'argent puisque ce montant équivaut au salaire annuel d'un membre du Conseil souverain de la Nouvelle-France, qui sera créé en 1663, par Louis XIV, pour gouverner la colonie.

L'autorité religieuse réagit cependant plus hâtivement en décrétant une mesure draconienne. Le 5 mai 1660, Mgr de Laval publie un mandement intitulé *Pour excommunier ceux qui vendent des boissons enivrantes aux Sauvages*[11]. Afin que personne ne puisse invoquer l'ignorance de ce mandement, l'évêque ordonne à tous les prêtres de l'afficher trois dimanches consécutifs et d'en refaire l'annonce tous les trois mois.

Pierre Aigron fait la forte tête et il semble considérer que les règles qu'impose la vie en société ne le concernent pas. À la suite du mandement de son évêque, Aigron continue son comportement délinquant en maintenant son commerce d'alcool avec les Amérindiens. Mgr de Laval se montre patient en laissant plusieurs chances à Aigron de s'amender. Lors d'une confession, il lui donne l'absolution de ses fautes en échange d'une promesse d'obéissance. Une seconde fois, Mgr de Laval oblige Aigron à le rencontrer et des témoins présents confirment la continuation de son commerce d'alcool. Par la suite, ce méchant Boris reçoit quatre autres avertissements et l'évêque demande à des proches du prévenu d'intervenir. Rien ne change. Mgr de Laval désire lui laisser une dernière chance; une rencontre a lieu avec Aigron qui se montre outrageusement insolent et se permet même des grossièretés à l'égard du prélat.

Excédé, Mgr de Laval passe aux actes en rédigeant un ordre d'excommunication le 18 avril 1661: «Lui interdisons l'entrée de l'Église pendant le divin service et en cas qu'il meure dans la présente excommunication ordonnons que son corps soit privé de sépulture et jeté à la voirie [...] admonestons [ordonnons] à chacun et tous les fidèles de ne le fréquenter, ni parler, ni saluer mais plutôt le fuir, éviter comme une personne maudite.»

D'autres faits viennent prouver que ce Aigron est un drôle de pistolet. En plus de la contrebande d'alcool et des insultes envers son évêque, il s'avère un très mauvais payeur de ses dettes, et des créanciers lui intentent plusieurs poursuites. Son devoir de respect de l'autorité civile n'est guère mieux: il quitte Québec pour aller vivre dans la région de Percé malgré une interdiction décrétée par l'intendant Duchesneau. La date précise de son décès n'est pas connue.

Le gouverneur ne rigole pas

Nous venons de voir que l'autorité religieuse prend très au sérieux le problème de la vente d'alcool aux Amérindiens et, que de son côté, l'autorité civile n'entend pas rigoler elle non plus à ce sujet. La récréation est terminée: Daniel Vuil va servir d'exemple et en payer le prix. On entend parler de ce bootlegger en février 1661 quand les Jésuites notent dans leur journal: «Grande brouillerie entre les puissances [l'évêque et le gouverneur]: on en pensa venir aux extrémités au sujet d'une sentence portée par monseigneur l'Évêque contre Daniel Vuil, prisonnier, hérétique relaps, blasphémateur et profanateur de sacrements.» Selon Gustave Lanctot, ce huguenot avait accepté de se convertir à la religion catholique, mais changea rapidement d'avis; il prononça des paroles blasphématoires, ce qui lui valut la prison[12].

Les écrits des Jésuites nous apprennent que le 7 octobre 1661, le cas de ce petit monsieur délinquant est définitivement réglé: «Pour avoir traité aux Sauvages de l'eau-de-vie», Daniel Vuil est amené sur la place publique et «arquebusé», c'est-à-dire fusillé au moyen d'une arquebuse.

UN AVOCAT VÉREUX

L'avocat Jean Peronne Dumesnil ne va pas faire honneur aux membres de sa profession. Son comportement abusif, et surtout criminel, l'obligera à quitter Québec en catastrophe et sur la pointe des pieds. Qui sème le vent, récolte bien sûr la tempête. Natif d'Anjou (France), il est avocat au parlement de Paris avant de se pointer le bout du nez à Québec le 7 septembre 1660[13].

Dès le début de sa carrière à Québec, Dumesnil connaît de sérieuses difficultés. Sous prétexte que les affaires de la compagnie des Cent associés n'allaient pas très bien en Nouvelle-France et parce qu'elles étaient mal administrées, cet avocat affirme qu'on l'aurait «prié, sollicité, convié de prendre et accepter les charges et commissions de contrôleur général, d'intendant et de juge souverain au pays de Canada[14]». Le gouvernement en place n'est pas long à réagir et refuse d'accorder toute crédibilité au mandat que Dumesnil prétend détenir. Selon Marie Baboyant, qui a étudié ce cas, le Conseil souverain avait raison de réagir ainsi parce que les fonctions que voulait exercer Dumesnil ne correspondaient même plus à la réalité car, juste avant l'arrivée de Dumesnil, le roi lui-même avait changé les règles de l'administration de la colonie. A beau mentir qui vient de loin? Aussi ancien que la création du monde, le truc connaît parfois des ratés.

Dans une autre affaire, cet avocat démontre qu'il n'a pas du tout froid aux yeux et qu'il n'est pas très versé dans l'art de se faire des amis. Sans aucun mandat officiel, il se donne lui-même la mission de rédiger un mémoire destiné au roi qui ferait le bilan de la situation de la colonie. Illégalement, il consulte les archives administratives. Baboyant conclut que:

> Dumesnil récuse l'autorité des conseils, aussi d'institution royale. Il multiplie les imputations et les calomnies contre tous les fonctionnaires, les Jésuites et l'évêque. Et il a la prétention de proposer au roi une structure administrative de son cru pour remplacer celle que le monarque a établie quelques mois plus tôt. On peut relever dans son mémoire les affirmations les plus fausses.

Comment ce cher avocat a-t-il eu accès aux archives les plus précieuses et confidentielles de la colonie? C'est très simple: il les fait voler par un dénommé Foucault qui entre par effraction chez Guillaume Audouart, secrétaire du Conseil souverain et notaire royal de la Nouvelle-France. Le 20 septembre 1663, le Conseil constate que «Dumesnil Peronne a fait forcer la fenêtre de l'étude d'Audouart [...] par un nommé

Foucault et enlevé plusieurs papiers même ayant eu des registres du Conseil».

Devant l'extrême gravité du crime et considérant l'importance de ces archives, le Conseil mandate une personne qui «fera perquisition exacte en tous les endroits de la maison où ledit Dumesnil est demeurant et partout ailleurs où besoin sera, séquestrera tous et chacun les papiers qui se trouveront en ladite maison». La soupe devenant un peu trop chaude à son goût, Dumesnil décide de fuir le pays le 21 octobre 1663.

UN CHIRURGIEN TYRANNIQUE

Reconnu à son époque comme un bon chirurgien et occupant des fonctions importantes dans la communauté de Québec, Jean Madry manifeste cependant des comportements indignes d'un homme de son rang. En clair, l'individu manquerait-il de classe?

Madry naît en France vers 1625 et, à la suite de deux brefs séjours ici, en 1651 et en 1653, il choisit de s'établir à Québec en 1657[15]. Le 19 janvier 1660, il épouse une demoiselle âgée de 15 ans, Françoise Duquet. En 1663, il devient marguillier de la paroisse Notre-Dame ainsi qu'échevin de la ville de Québec. Une religieuse de l'époque, mère Juchereau de Saint-Ignace, le présente comme le tout premier chirurgien de l'Hôtel-Dieu de Québec[16].

Trois événements vont nous faire découvrir un être au caractère bouillant, imprévisible et même violent. En devenant chirurgien, aurait-t-il fait erreur en prêtant le serment d'*hypocrite* au lieu du serment d'*Hippocrate?*

Le 3 novembre 1663, le Conseil souverain est chargé de désigner un tuteur pour prendre soin de deux enfants mineurs, Ignace et Pierre Gaultier, dont la mère, qui est veuve, est repartie en France; cette femme, Ester de Lambourg, est la cousine par alliance de Jean Madry. Des membres de la parenté des enfants abandonnés sont appelés à comparaître devant le Conseil pour précisément élire le tuteur. Jean Madry est élu, mais il refuse en faisant une colère terrible et en criant des paroles outrancières. Le Conseil n'apprécie pas le cirque de ce chirurgien et «a ordonné que ledit sieur Madry demeurera tuteur aux dits mineurs jusqu'au retour de ladite demoiselle de Lambourg leur mère». Quant à son impolitesse et pour s'être «en ses paroles comporté avec irrévérence dans l'élection qui a été faite de sa personne [...] le Conseil a condamné et condamne ledit Madry en cinquante livres d'amende applicable à l'Hôtel-Dieu de cette ville».

Madry est-il sensible aux malheurs de l'humanité? Le doute est soulevé quand, le 24 avril 1664, le Conseil souverain décide de venir en aide à une malheureuse personne atteinte d'une grave maladie et sans argent pour se faire soigner. Le Conseil intervient, car «le sieur Madry s'étant présenté [...] a dit qu'il ne pouvait pas en entreprendre la guérison que pour une grosse somme».

Jean Madry verse dans l'indécence jusqu'à vouloir exercer une totale domination sur la vie intime des gens de son entourage. En 1664, notre cher disciple d'Hippocrate poursuit Pierre Rouffray, son domestique, parce que ce dernier a l'intention de se marier. La future épouse est une dame Choret. Outré, et on le serait à moins, Pierre Rouffray entend bien se défendre. Il est quand même incroyable que Rouffray doive un jour se présenter au tribunal pour dire qu'il «s'est jusqu'à présent tenu au service du demandeur [et que] cela ne lui doit préjudicier à la liberté qu'il doit avoir de s'habituer en ce pays et d'y prendre femme». On devine facilement la conclusion. Dans son jugement, le Conseil «déclare ledit Rouffray libre de faire pour son avantage ce qu'il avisera bon être».

Jean Madry décède le 26 juillet 1669 en se noyant lors d'un voyage à Trois-Rivières. On l'enterre au cimetière de l'Hôtel-Dieu de Québec. Que Dieu prenne soin de son âme!

MICHEL LE NEUF: UN DUR À CUIRE

Pour les personnes qui ont suivi la série télévisée *Le courrier du roi,* durant les années soixante, Michel Le Neuf est un héros de notre histoire. Cette série était bien une fiction, car le véritable Michel Le Neuf était plutôt un fier-à-bras de la pire espèce.

Michel Le Neuf du Hérisson naît vers 1601 à Caen, en Normandie, et il arrive à Québec le 11 juin 1636 accompagné de sa fille Anne. La même année, il va s'établir à Trois-Rivières où il devient un seigneur possédant plusieurs terres et un moulin à farine; des engagés travaillent à la mise en valeur de ses propriétés.

Dans son étude du cas Le Neuf, Raymond Douville n'est pas tendre:

> Les Le Neuf et leurs alliés formaient un clan et rien d'autre n'existait pour eux, dès leur établissement dans le bourg trifluvien, que le désir de commercer et de s'enrichir. Pour en arriver à leurs fins, il leur fallait aussi diriger les destinées politiques locales. C'est pourquoi nous voyons les membres de cette famille s'acharner sans cesse à accaparer les postes de commande: gouverneur, commandant du fort, juge civil et criminel, syndic, etc. [...]. Le pacte de famille comprenait particulièrement Michel Le Neuf du Hérisson, Jacques Le Neuf, Marguerite Le Gardeur, épouse de ce dernier; Pierre Le Gardeur de Repentigny; Charles Le Gardeur de Tilly, son frère; Jean-Paul Godefroy, époux de Marie-Magdeleine Le Gardeur et par conséquent beau-frère de Jacques Le Neuf et cousin germain de René Robineau de Bécancour[17].

Voyons maintenant des faits qui, selon Douville, «apportent les raisons pour lesquelles les Le Neuf n'avaient pas et ne méritaient pas la sympathie des

Trifluviens de l'époque et qu'en maintes occasions ils ont mérité eux-mêmes ces épithètes de "nobles avariés" et de "bourgeois avides"».

Le Neuf maltraite ses employés et ne respecte pas ses contrats. Le 18 août 1664, il rédige une entente de 3 ans dans laquelle il est stipulé que Sébastien Dodier s'occupera de l'une de ses terres en ayant l'usage exclusif de deux bœufs fournis par Le Neuf. Malgré son engagement, Le Neuf va un jour chez Dodier, le frappe et lui enlève les bœufs ainsi qu'une charrette.

Autre cas d'abus quand, le 15 novembre 1655, une dame dans la cinquantaine, Anne Lejonc, accepte de travailler pour lui comme domestique durant une année. La dame devient amoureuse de Jean Desmarais et le mariage doit avoir lieu le 16 janvier. Apprenant la nouvelle, Le Neuf est furieux, s'oppose au mariage prétextant que la dame doit être à son service durant un an et il se permet de cacher tous les effets personnels de la domestique. Toute cette histoire doit se conclure au tribunal où Le Neuf apprendra qu'on ne peut empêcher personne de se marier.

L'arrogance de Le Neuf ne connaît pas de limite et il se donne lui-même la permission de défier l'autorité judiciaire. En 1654, un marchand de Trois-Rivières, Raphaël Thierry, poursuit Le Neuf en justice pour voie de fait. Ce dernier fait la sourde oreille et ne donne pas suite aux ordonnances de se présenter au tribunal. Pour le mettre au pas, il faudra une ordonnance spéciale du gouverneur Lauzon exigeant sa comparution, sinon c'est la prison.

Grâce à son réseau de relations personnelles et intimes avec les autorités locales, Le Neuf réussit même à se faire nommer «juge royal» pour le district de Trois-Rivières. Cependant, le Conseil souverain le démet officiellement de cette fonction le 29 mai 1665. Le Conseil est à faire une enquête approfondie à propos d'une situation grave de contrebande d'alcool à Trois-Rivières et en vient à prouver que des faits illégaux sont survenus dans la maison même du juge Le Neuf!

Le Conseil souverain porte un jugement très sévère contre Le Neuf:

> Pour remédier aux abus et désordres qui arrivent journellement [tous les jours] aux Trois-Rivières et au Cap-de-la-Madeleine tant par la division des principaux officiers de la justice [...] qu'au sujet des boissons et de la malice de plusieurs habitants [...] le juge Royal des Trois-Rivières n'ayant pas assez de force pour y apporter les remèdes convenables et résister aux fonctions ayant été lui-même plusieurs fois menacé [...] requiert pour l'intérêt du Roi et le bien de son État que l'un des conseillers de cette Cour soit établi commissaire pour descendre et se transporter sur lesdits lieux afin d'informer

de ce qui dit est et faire ce qui sera nécessaire pour remettre les choses en état de paix.

Le Neuf serait décédé vers 1672 et, croyez-le ou non, avant son décès, il avait réussi à obtenir d'autres postes importants et pas n'importe lesquels: un second mandat de juge royal, le poste de lieutenant civil et criminel ainsi que celui de gouverneur par intérim de Trois-Rivières en 1668.

LE VILAIN GAMELAIN

Le premier seigneur de Sainte-Anne-de-la-Pérade, Michel Gamelain, est aussi un chirurgien dont le comportement est douteux[18]. Il devra répondre de ses actes devant le tribunal pour vente illégale d'alcool aux Amérindiens.

Gamelain est originaire de Blois (France) où il naît en 1640[19]. À Trois-Rivières, le 16 novembre 1661, il épouse Marguerite Crevier; son contrat de mariage précise qu'il est maître-chirurgien. Le 14 novembre 1663, le Conseil souverain le choisit pour être le chirurgien des soldats de la garnison de Trois-Rivières; on lui demande de remplacer Louis Pinard qui a l'incommodante habitude de contester régulièrement le montant de son salaire. Entre 1670 et 1674, Gamelain travaille aussi à l'Hôtel-Dieu de Montréal.

Parallèlement à la pratique de sa noble profession, ce cher monsieur s'avère toutefois très impliqué dans le commerce des fourrures; ses associés sont ses deux beaux-frères, Nicolas Gatineau et Jean Crevier. Gamelain possède deux cabanes servant de poste de traite: une à l'île Saint-Ignace et l'autre située en bordure de la rivière Sainte-Anne.

En mai 1665, le Conseil souverain démontre son impatience relativement à la conduite de certains Trifluviens impliqués jusqu'au cou dans le commerce illégal d'alcool; nous l'avons vu dans le cas de Michel Le Neuf. En 1666, le tribunal du Cap-de-la-Madeleine entend des témoins.

Les preuves s'accumulent et on fait la lumière sur le cas de Gamelain. Non seulement il fabrique et vend de l'alcool aux Amérindiens, ce qui est interdit par la loi, mais en plus il ajoute des drogues à cet alcool! Un témoin, Michel Peltier, affirme qu'une Amérindienne, Marie-Madeleine, s'est enivrée chez ce chirurgien et que son épouse a vu un homme, le même soir, complètement «saoul et ivre tant qu'il dégueule partout et sortait de chez ledit Gamelain». Peltier confirme ce que tout le monde sait: l'alcool alambiqué par Gamelain contient «un médicament qui les fait saouler et enivrer». À la suite de l'enquête, le 20 juin 1667, le tribunal du Conseil souverain rend son jugement: Gamelain est condamné à une amende de 200 livres et à la prison s'il ne paye pas.

Après cette affaire, Gamelain vend sa seigneurie, en 1670, pour ne faire que la traite des fourrures; il décède vers 1676.

UN MAGISTRAT DÉGOMMÉ

Louis-Théandre Chartier de Lotbinière, le juge en chef du tribunal de première instance de Québec, est forcé de remettre sa démission en août 1676. Il n'a pas voulu expliquer clairement pourquoi il a fait sortir de prison une femme accusée de vivre dans la débauche.

Fils de bonne famille, Chartier de Lotbinière naît à Paris vers 1612; son père est le médecin du roi. En 1641, à Paris, il épouse Elizabeth Damours et ils auront deux enfants: Françoise et René-Louis. Mandarin de la fonction publique de son époque, cet homme se voit confier des postes importants: procureur fiscal, procureur général au Conseil souverain et lieutenant général de la Prévôté de Québec[20].

André Vachon a fouillé la biographie de ce personnage:

> On a dit de Chartier de Lotbinière qu'il est le «père de la magistrature canadienne». Un peu exagérée comme toutes les formules de ce genre, celle-là n'est pas entièrement fausse: la carrière judiciaire de M. de Lotbinière fut à certains égards remarquable. À son arrivée, la colonie ne possédait pas encore de tribunal régulier. Les gouverneurs avaient accoutumé de rendre eux-mêmes la justice en s'adjoignant à l'occasion quelques conseillers. L'un des premiers gestes de M. de Lauson, en automne 1651, fut d'établir à Québec une

sénéchaussée. Chartier y fut nommé procureur fiscal.

Le 1er mai 1666, on instaure à Québec un tribunal de première instance: la Prévôté. Chartier est le candidat choisi pour diriger ce tribunal; le titre de son poste est *lieutenant général civil et criminel*. Sa mission est d'administrer la justice dans les causes civiles et criminelles ainsi que de superviser les affaires policières.

Mais des faits viennent toutefois porter ombrage à sa réputation. En novembre 1680, sa fille Françoise est très très en colère contre son paternel qui non seulement tarde à lui rembourser un important montant d'argent, mais fulmine contre lui pour les sommes «consommées par ses débauches» à Paris. Effectivement, son papa ne déteste pas du tout faire la bamboula, car déjà en 1667 un prêtre jésuite scandalisé écrit ceci: «Le 4 février, le premier bal du Canada s'est fait chez le sieur Chartier [...]. Dieu veille que cela ne tire point en conséquence.»

Les choses vont mal tourner pour lui quand il traite le dossier d'Ange Bauge, dite la Corruble. Épouse de Guillaume Corruble, cette femme est mise en prison pour des raisons expliquées dans un jugement du Conseil souverain:

> Anne Bauge femme de Guillaume Corruble, matelot absent, fut en instance criminelle pendante en cette Cour à cause de sa vie

scandaleuse [...] à tel point qu'elle ne prend plus de mesure pour ses débauches, ayant été avertie qu'elle couchait toutes les nuits avec Jacques de Foy Lejeune et qu'on les trouvait toujours ensemble, même les soirs souper à la haute ville en la maison et avec la femme de Jean Giron qui est de la même humeur que ladite Corruble, et dont le mari est aussi absent, et où se trouvent d'autres jeunes hommes venus de France nouvellement, qui s'y débauchent au grand scandale des voisins.

Mais dès le lendemain de son emprisonnement, un document du Conseil nous apprend que «le lieutenant général avait tiré ladite Corruble des prisons de son autorité», sans consulter ses patrons. Le Conseil n'est pas d'accord et croit «que cependant comme la conduite que ledit lieutenant général a tenue dans son procédé paraît une entreprise et un attentat à l'autorité du Conseil, il requiert que ledit lieutenant général soit mandé à l'heure présente pour informer la Cour des raisons qu'il a eues de faire sortir des prisons ladite Corruble».

Chartier de Lotbinière va effectivement se présenter au Conseil pour discuter de cette affaire. En plus de ne pas vouloir expliquer sa conduite, il démontre une attitude très arrogante en affirmant «qu'il est seul juge de police pour en connaître en première instance et qu'aucun n'a autorité de marcher que lui en police sans arrêt du Conseil, ou ordre de Monsieur le Gouverneur ou de Monsieur l'Intendant». Vraiment, plus arrogant que ça, tu meurs! Très certainement pour bien faire comprendre à ce hautain personnage qui est le patron, le 3 août 1676, le Conseil lui place les yeux exactement vis-à-vis les trous: «La Cour, par provision, a ordonné et ordonne que ladite Corruble sera incessamment réintégrée dans lesdites prisons [...] et cependant icelui lieutenant général suspendu de toutes les autres fonctions appartenantes à ladite charge de lieutenant général.»

Son poste lui sera cependant redonné à la fin du mois d'août 1676. Il décédera en France vers 1680.

DURE, DURE, LA VIE DE BOURREAU

Un fait qui survient le 23 octobre 1679 va complètement chambouler la vie de Jean Rattier et, chose certaine, ce ne sera pas pour le mieux. Le comportement criminel de Rattier va lui faire vivre une lente, longue et douloureuse descente aux enfers.

Natif de France vers 1650, Rattier se trouve à Trois-Rivières en 1666 où il est domestique; le 6 février 1672, il épouse Marie Rivière. En janvier 1676, il devient cultivateur à Saint-François-du-Lac[21]. De 1680 jusqu'à sa mort, Jean Rattier va devoir exercer le métier de bourreau et nous verrons pourquoi.

Le 23 octobre 1679 annonce la fin d'une vie paisible et le début d'un long cauchemar. À Saint-François-du-Lac, il prend part à une bataille durant laquelle il tue

Jeanne Couc, une jeune femme de 20 ans; son procès a lieu à Trois-Rivières et on le déclare coupable en octobre 1679. Non satisfait du verdict, il porte sa cause en appel auprès du Conseil souverain qui maintient les conclusions du premier jugement (le 31 décembre 1680):

> Le Conseil a mis et met l'appel et sentence dont était appelé au néant [et] déclare ledit Rattier dûment atteint et convaincu [accusé et reconnu coupable] d'avoir tué Jeanne Couc [l'a] condamné d'être pris et enlevé des prisons et conduit par l'exécuteur de la haute justice à la place du marché de la basse ville pour y être pendu et étranglé à une potence qui pour cet effet y sera dressée.

Mais le jugement contient aussi une clause proposant au condamné un moyen de s'en sortir. Le bourreau étant décédé et, tenant compte de la grande difficulté d'en trouver un autre, on annule sa peine s'il accepte le poste. Pour sauver sa peau, Rattier accepte ce cadeau empoisonné, car le métier «d'exécuteur de la haute justice» est le pire métier de l'époque, selon André Lachance qui a publié une recherche sur le sujet. Personne ne veut côtoyer, parler, faire affaire avec ce personnage maudit de tous. Aucun propriétaire ne veut fournir le logement. Recevoir des insultes est le lot quotidien de la famille d'un bourreau. C'est pourquoi, en 1686, le Conseil doit acheter une maison pour loger la famille Rattier, sur la Grande Allée, car la population du Vieux-Québec la rejette. Le lundi

4 mars 1696, le Conseil doit même émettre une ordonnance afin de procurer un peu de paix à cette famille sans cesse harcelée:

> Sur la requête présentée en ce Conseil par Jean Rattier exécuteur de la haute justice, contenant qu'il lui est journellement fait plusieurs insultes ainsi qu'à sa femme et à sa fille aînée par des gens qui les vont chercher dans la maison où ils logent à la Grande Allée [...]. Le Conseil a fait et fait très expresse inhibition et défense à toutes personnes d'aller chez ledit Rattier et de l'insulter en sa personne ou en celle de sa femme et enfants, à peine de punition corporelle.

Mais ce n'est pas terminé pour Rattier, et son calvaire se continue. En 1695, Marie Rivière l'épouse de Jean Rattier, ainsi que leur fille, Marie-Charlotte, sont arrêtées pour avoir volé des chaudières dans le but de les revendre. Vous l'aurez deviné, Jean Rattier, l'exécuteur de la haute justice, devra subir la très haute humiliation de punir sa femme en public:

> Lesdites Marie Rivière et Marie-Charlotte Rattier sont déclarées dûment atteintes et convaincues d'avoir recelé et vendu lesdites chaudières volées, et pour réparation, ladite Marie Rivière condamnée à être battue de verges par ledit exécuteur de la haute justice, aux carrefours de cette ville, avec défense à

elle de récidive [...]. Ladite Marie-Charlotte Rattier [condamnée] à être enfermée dans une chambre de l'Hôpital Général pendant quinze jours, pour être instruite et corrigée par la Correctrice du lieu [...] et pour réparation, condamne ladite Marie Rivière d'être attachée au carcan, à jour et heure du marché, pendant une heure, ayant un écriteau sur l'estomac en gros caractère portant ces termes RECELEUSE.

La peine du carcan consistait à attacher un condamné au moyen d'un anneau de fer au cou fixé à un poteau qu'on installait dans un endroit achalandé dans le but de l'exposer à la risée publique durant quelques heures. Le fouet était à l'époque une peine très courante et infligée, entre autres, aux personnes coupables de vol.

FRONTENAC VIRÉ PAR LOUIS XIV

Une goutte de trop et le vase déborde. Frontenac va lui-même verser cette dernière goutte qui va lui coûter son poste de gouverneur. Monsieur le comte de Frontenac a le vilain défaut de créer des drames inutiles, et l'intendant Duchesneau n'aide pas sa propre cause lui non plus.

Louis de Buade de Frontenac et de Palluau naît à Saint-Germain le 22 mai 1622 et son parrain est Louis XIII. En octobre 1648, il épouse Anne de La Grange, femme réputée pour sa forte personnalité et sa grande beauté. Militaire de carrière, il complète deux longs mandats comme gouverneur de la Nouvelle-France: de 1672 à 1682 et de 1689 à 1698. Sa venue à Québec lui permet aussi d'échapper à ses créanciers, car, très dépensier, il avait d'énormes dettes. Il meurt à Québec le 28 novembre 1698[22].

Jacques Duchesneau de La Doussinière et d'Ambault est l'intendant de la Nouvelle-France de 1675 à 1682. Remplaçant Jean Talon, il arrive à Québec en août 1675. Il décède à Ambrant (France) en 1696. Selon le biographe Léopold Lamontagne, «des sept années d'administration de Duchesneau, il reste une trentaine d'ordonnances. Il est à déplorer que son temps, ses talents et son expérience aient été gaspillés, en grande partie, à de longues et futiles querelles[23]».

Les personnalités de ces deux hommes sont les ingrédients parfaits d'un véritable baril de poudre menaçant de sauter n'importe quand: «Duchesneau est un homme attaché à ses droits et à ses prérogatives, et il est doué d'une grande énergie et d'une rare ténacité de caractère [...]. Frontenac était orgueilleux, irascible, impérieux et vindicatif. Évidemment, un de ces deux hommes était de trop à Québec.»

D'ailleurs les patrons de la colonie commencent à en avoir assez des sautes d'humeur de Frontenac. En 1680, le biographe Eccles précise que «le ministre [Colbert] le prévient que tous les corps publics et de nombreux particuliers se plaignaient de sa tyrannie. La Nouvelle-France, lui écrivait Louis XIV le 29 avril 1680, risque d'être complètement détruite "à moins que vous ne réformiez votre conduite et vos principes"».

Malgré les avertissements sérieux, Frontenac ne diminue pas ses ardeurs, et voici un événement qui, selon l'auteur Léopold Lamontagne, va contribuer au rappel en France de Frontenac et de Duchesneau:

> Au printemps de 1681, des gens de Frontenac, se promenant dans les rues de Québec, aperçoivent de loin le fils de l'intendant, âgé de 16 ou 17 ans; accompagné de son domestique, il est assis sur la palissade qui regarde le chemin de la basse à la haute ville [...] chantant pour se divertir un air sans paroles. Les deux parties s'interpellent. Des gros mots, on en vient aux insultes. Frontenac, à qui l'on rapporte l'altercation, s'estime injurié et ordonne l'arrestation du jeune Duchesneau et de son domestique. L'intendant prévient les coups, barricade sa maison et se met en état de défense. L'ordre d'arrestation n'est pas exécuté. Mais des pourparlers s'engagent entre Duchesneau et Frontenac par l'intermédiaire de l'évêque, Mgr de Laval. Celui-ci se promène entre la maison de l'intendant et le château du gouverneur. Frontenac exige que les insulteurs viennent lui présenter des excuses. Duchesneau, qui craint la vindicte de son

ennemi, demande des garanties. Et l'évêque d'aller chez l'un chercher des assurances et chez l'autre calmer les appréhensions. Duchesneau finit par risquer l'entreprise et envoie son fils et son domestique chez le gouverneur. Comme à son habitude, Frontenac s'emporte. Le domestique attrape quelques coups de canne et, avec son jeune maître, va expier en prison son manque de respect à l'égard du représentant du roi.

L'AUTOCRATE PERROT

Les citoyens de l'île Perrot ne seront pas très heureux d'apprendre que le toponyme de leur île chérie est associé à la mémoire d'un des pires goujats de notre histoire: François-Marie Perrot, gouverneur de Montréal de 1669 à 1684. L'historien Gérard Malchelosse conclut que Perrot fait malheureusement partie du clan «des mécréants qui réussirent à s'introduire dans la colonie, à la scandaliser, à la terroriser et à y braver l'autorité[24]». Le triste constat est partagé par Eccles: «Perrot traita les gens de Montréal sans ménagement [...] Quiconque protestait contre sa façon d'accaparer le commerce des fourrures était battu par ses gardes ou jeté en prison sans autre forme de procès[25].»

Natif de Paris, en 1644, François-Marie Perrot épouse en 1669 Madeleine Laguide Meynier, la nièce de Jean Talon. Le 10 novembre 1670, c'est Jean Talon qui propose à Colbert la candidature de Perrot à titre de gouverneur de Montréal, poste laissé vacant par le départ de Maisonneuve; le 14 mars 1671, Colbert confirme par écrit à Talon la nomination de Perrot. Mais l'ange cachait le diable: Perrot estime que ses nouveaux pouvoirs, attribués directement par le roi, l'autorisent à lui-même s'exclure des lois en vigueur en ce pays. «Dès ce moment, il se considéra comme indépendant des seigneurs et affranchi de tout contrôle dans le trafic des boissons qu'il faisait déjà avec les Sauvages, au grand scandale de tous les gens de bien du pays», constate l'historien Étienne-Michel Faillon.

En raison des fonctions qu'il exerce, on s'attend à le voir faire régner l'ordre et la paix sociale. Dans sa recherche sur Perrot, Camille Bertrand conclut que ce personnage n'a pas l'étoffe des grands leaders et qu'il se comporte en minable en frustrant la population:

> On s'aperçut bientôt que le nouveau gouverneur avait succédé à de Maisonneuve, mais qu'il ne l'avait pas remplacé. Perrot était venu à Montréal, moins pour gouverner que pour s'enrichir. Il prit avantage de sa haute fonction pour faire un fructueux commerce de pelleteries avec les Sauvages. S'étant fait concéder par son oncle la grande île qui porte son nom, il y établit un comptoir d'échanges. Il empêcha par ce moyen les Sauvages de se rendre à Montréal avec leurs fourrures, au grand détriment des habitants auxquels ce commerce était réservé par les lois [...]. Pour

alimenter ses comptoirs, il protégeait de toute façon les coureurs de bois, qu'il envoyait au-devant des Sauvages, pour s'assurer le plus beau choix de leurs fourrures, et cela malgré toutes les ordonnances, qui le défendaient sous les peines les plus sévères, même la mort.

Le 7 janvier 1672, des citoyens décident de se réunir pour faire le point sur le comportement de leur *cher* gouverneur «qui tendait au renversement de l'ordre et à la ruine du commerce [et ils] résolurent enfin de lui faire de respectueuses remontrances». Le groupe choisit le juge Migeon pour aller discuter avec le gouverneur. Faillon fait le bilan de cette rencontre:

Mais lorsque M. Perrot eut entendu parler M. Migeon, il se mit dans une violente colère, se répandit contre ces messieurs en paroles blessantes et grossières, comme le ferait l'homme de la lie du peuple le plus brutal, et ajouta en terminant sa diatribe: «Je ne suis pas comme M. de Maisonneuve, je saurai bien vous contenir dans le devoir.» La nuit qui survint, au lieu de lui apporter conseil et calmer son courroux, sembla n'avoir servi au contraire qu'à l'irriter davantage, surtout contre M. Migeon; car le lendemain 8 janvier, il le fit saisir, de son autorité privée, et le mit en prison pour le punir des observations qu'il avait bien osé lui faire la veille.

À la suite d'une autre gaffe majeure, Frontenac le fait arrêter chez lui le 29 janvier 1674 et le fait mettre en prison au château Saint-Louis, à Québec, jusqu'en novembre 1674; ensuite, on lui fait faire un séjour de plusieurs mois en France, à la Bastille. Il est de retour à Montréal durant l'été 1675 et Malchelosse le déplore:

> On pourrait penser que Perrot s'était amendé durant sa retraite à la Bastille. Il n'en fut rien. Toujours à propos de la traite de l'eau-de-vie avec les Sauvages, il eut de nouveaux démêlés avec les principaux citoyens de Montréal; il en eut avec les juges qu'il morigénait sans répit; il en eut avec des notables qu'il maltraitait à l'occasion, ne se gênant nullement de leur donner des taloches quand cela lui en prenait envie.

En 1683, c'est la fin du règne Perrot, car il perd son poste et, après un séjour en France, on le nomme gouverneur en Acadie où il ne sera pas plus brillant administrateur colonial. Il décède le 20 octobre 1691.

D'IBERVILLE ACCUSÉ DE VIOL

Un scandale de nature sexuelle va entacher la réputation de l'un des plus illustres personnages de la Nouvelle-France: Pierre Le Moyne d'Iberville. Celui-ci doit répondre à des accusations d'enlèvement, de séquestration et de viol portées par Geneviève Picoté de Belestre[26].

Fils de Charles Le Moyne et appartenant à une noble et célèbre famille de notre histoire, D'Iberville naît à Montréal en 1661; le 8 octobre 1693, il épouse Marie-Thérèse Pollet. Il a servi la France avec ardeur et a grandement contribué à défendre, à maintenir et à réaliser l'expansion coloniale française en Amérique et dans les Antilles. Ses exploits sont nombreux: à la Baie d'Hudson, à Terre-Neuve, en Louisiane et aux Antilles. Premier Québécois fait Chevalier de Saint-Louis, il meurt en juillet 1706 à La Havane (Cuba)[27].

Ce scandale sexuel va engendrer une très longue saga judiciaire entre les deux parties en cause; initiée en mai 1686, cette saga ne connaîtra son dénouement que le 22 octobre 1688. Il est vrai que la présumée victime ne s'attaque pas à n'importe qui. D'Iberville est un joueur clé dans l'expansion coloniale française, et sa famille compte sur un puissant réseau de relations. Selon l'ethnologue Séguin, D'Iberville peut échapper plus facilement «aux tracasseries de la justice pour raisons de service [...]. Mieux encore, pour servir les intérêts pécuniaires des rois du castor [...]. Les déboires amoureux d'une petite Montréalaise ne comptent guère devant les intérêts économiques de Messieurs les Associés».

Toute l'affaire débute en mai 1686 alors que Geneviève Picoté accuse D'Iberville de l'avoir enlevée et séquestrée; elle fait une déposition le 11 mai. Le 20 mai, on ne peut interroger l'accusé, car il vient de quitter pour une mission; le 31 mai, Françoise, la sœur de Geneviève, revient à la charge auprès des autorités.

Apprenant que D'Iberville est de retour d'une mission, le beau-frère de la victime, Jacques Maleroy, demande l'arrestation de l'accusé le jeudi 6 novembre 1687. Le procès-verbal du Conseil souverain résume la situation: «Geneviève Picoté se serait trouvée enceinte des faits de Pierre Le Moyne sieur d'Iberville» et le plaignant exige «que le procès fut fait audit sieur d'Iberville, comme ayant séduit et suborné [corrompu] ladite Geneviève dans sa maison». Malheureusement pour elle, le Conseil ordonne aussi «que ledit sieur d'Iberville pourra passer en France» pour continuer ses missions. Le 14 juin 1688, le même scénario se répète.

Ce jeu du chat et de la souris va finalement se terminer avec le jugement rendu le 22 octobre 1688. Le tribunal ne retient pas les accusations criminelles. Quand il n'y a pas de témoins, qui dit vrai? Les prétentions d'une partie valent autant que celles de l'autre. Chose certaine, D'Iberville ne s'en sort pas blanc comme neige et le tribunal attribue à ce dernier une responsabilité. On «condamne ledit sieur d'Iberville à prendre l'enfant duquel ladite Jeanne Geneviève Picoté est accouchée, et icelui faire nourrir, entretenir et élever en la crainte de Dieu jusqu'à ce qu'il ait atteint l'âge de quinze ans […] laissant à la mère la liberté de voir son dit enfant lorsqu'elle le désirera». En 1693, Geneviève entre chez les religieuses de l'Hôtel-Dieu de Montréal, tandis que D'Iberville épouse Marie-Thérèse Pollet.

UN CAPITAINE TURBULENT

La formation militaire n'est pas toujours le gage du contrôle de soi, du sens de la discipline et de la conduite irréprochable. Le capitaine de Lorimier en est un exemple et, à deux reprises, le tribunal a quelques questions à lui poser sur ses frasques.

Né vers 1655 en France, Guillaume de Lorimier arrive au Québec vers 1685; c'est un militaire de carrière promu capitaine le 10 septembre 1685. On l'affecte à Montréal où il décède en juillet 1709. Ses pairs lui reprochent particulièrement deux défauts: son fort mauvais caractère et son grand amour du vin[28].

Dans la ville de Québec, De Lorimier participe à une rencontre d'officiers en février 1691. Pierre Payen de Noyan et De Lorimier s'adonnent au jeu à cette occasion et le ton monte au sujet d'un désaccord; la partie de plaisir tourne au drame et voilà qu'on se provoque en duel. Noyan subit une blessure à une main, De Lorimier est touché au dos. Une lettre de l'intendant Champigny, rédigée le 10 mai 1691, donne un peu plus de détails: «Les sieurs de Lorimier et Noyan, capitaine de troupes, ayant eu différend pour une perte au jeu mirent l'épée à la main et se battirent[29].» Le duel est illégal et le Conseil souverain entend sévir; le 27 mars 1691, le procès-verbal mentionne que De

Lorimier est trop blessé pour aller au tribunal. Les deux illégaux obtiendront leur sentence le samedi 7 avril 1691: «Le Conseil a déclaré et déclare lesdits Noyan et De Lorimier dûment atteints et convaincus de s'être querellés et battus sur-le-champ l'épée à la main et s'être entreblessés, pourquoi les a condamnés et condamne à aumôner chacun la somme de cinquante livres applicable moitié à l'Hôtel-Dieu de cette ville et l'autre au bureau des pauvres.» À l'époque, le duel est une infraction criminelle très grave qu'on punit sévèrement.

Le fougueux capitaine doit de nouveau faire face à la justice en 1707. Il est poursuivi par Henri Cantin, boucher à Montréal. Un jugement du tribunal du Conseil souverain, daté du 20 avril, le punit très sévèrement en le reconnaissant coupable de trois délits. Il doit donc payer cinquante livres d'amende pour avoir agressé physiquement Henri Cantin et avoir raconté des mensonges à son sujet; De Lorimier doit aussi verser une amende de deux cents livres pour avoir dit des paroles attaquant la réputation du gouverneur Vaudreuil.

LE BIZARRE JACQUES BIZARD

Les citoyens de l'île Bizard n'ont pas raison de se moquer de ceux de l'île Perrot, car eux aussi ne seront sûrement pas fiers du personnage qui a donné son nom à leur île. S'il était un protégé de l'ancien gouverneur Frontenac, il n'est pas dans les bonnes grâces du nouveau gouverneur La Barre qui donne, le

4 novembre 1683, l'opinion suivante à son sujet: «Ce Bizard est un Suisse plongé dans le vin et l'ivrognerie, inutile à tous les services par la pesanteur de son corps[30].»

Né à Neuchâtel (Suisse) en 1642, Jacques Bizard opte pour la carrière militaire; il arrive à Québec en 1672 pour servir comme lieutenant dans la garde de Frontenac[31]. Le 16 août 1678, il épouse Jeanne-Cécile Closse, fille de Lambert Closse.

À la suite du décès du major de Montréal, Zacharie Dupuy, Frontenac réussit à obtenir ce poste pour Bizard dont la fonction est de «commander aux habitants et gens de guerre dudit fort, faire vivre lesdits habitants en union et concorde avec les autres, contenir lesdits gens de guerre en bon ordre et police suivant nos règlements». Autre bonne nouvelle, le 25 octobre 1678, Frontenac lui remet la seigneurie de l'île Bonaventure. Avec la venue de ce propriétaire et seigneur, «l'île Bonaventure pris dès lors le nom d'île Major ou du Major puis celui de Bizard qu'elle a gardé».

Bizard n'a visiblement pas le talent pour faire bon usage de tous les atouts qu'on lui met entre les mains. De son vivant, il néglige complètement son devoir de seigneur qui est de peupler l'île et de la développer. Responsable de faire appliquer et respecter les lois, Bizard les viole lui-même et, le 10 novembre 1679, l'intendant Duchesneau est furieux: «Le sieur Bizard, major de Montréal, auquel même le Roi a accordé une gratification de 300 livres cette année [...] bien loin de punir les désobéissants au Roi et de tenir la main à l'exécution de ses ordres, donne lui-même l'exemple de les violer», écrit l'intendant.

Louis Hector de Callières, gouverneur de Montréal, aura à s'absenter pour accomplir une mission, et les autorités françaises désignent Bizard pour assurer l'intérim; l'intendant Champigny fulmine et conteste ce choix par écrit le 12 octobre 1691:

> Nous avons reçu aussi avec les lettres que vous nous aviez fait l'honneur de nous écrire [...] et la commission du Sieur Bizard, major de Montréal, pour commander dans cette place en l'absence du gouverneur. M. de Denonville avait reçu la même commission pour cet officier. Mais l'en ayant reconnu indigne, étant fort sujet au vin et à se gâter, il renvoya à la Cour [...]. Il n'a pas assez de capacité pour le faire quand même il n'aurait pas le défaut de trop boire.

Bizard n'aura pas le loisir de connaître la réponse au sujet de ce poste important puisqu'il meurt le 6 décembre 1692.

UN NOTAIRE BATTEUR DE FEMMES

Ce n'est jamais la profession qui est le problème, mais bien ceux et celles qui l'exercent. Si on en juge par son comportement, le notaire Pottier vit un sérieux problème de violence. Que ce soit avec un homme ou avec une femme, Pottier cherche la chicane et il la trouve.

Natif de Chartres (France), Jean-Baptiste Pottier est professeur à Lachine vers 1686; le 15 mars 1693, il devient notaire royal à Montréal. Le 14 juin 1688, il épouse Étiennette Beauvais. En 1701, la famille déménage à Trois-Rivières et Pottier remplace le notaire Séverin Ameau[32].

Pottier va être impliqué dans au moins trois événements violents. Le 5 mai 1693, c'est le curé de Lachine, Pierre Rémy, qui le poursuit pour lui avoir proféré des injures et des menaces. En 1704, c'est au tour de Pottier à se faire solidement rosser par Étienne Pézard. Le troisième cas est moins joli, plutôt indécent, quand il s'en prend physiquement à une dame en 1707. Les détails de l'affaire sont précisés dans le jugement du tribunal du Conseil, daté du 9 janvier 1709:

> Entre Mc Jean-Baptiste Pottier greffier et notaire en la juridiction des Trois-Rivières [...] et Jeanne Toussaint [...] sentence par laquelle ledit Pottier est condamné pour les excès et violences par lui commises envers ladite Carpentier [le nom de son mari] à la somme de cent livres pour tous dommages et intérêts, et en outre à lui rembourser la somme de trente cinq livres pour ce qui a été payé aux chirurgiens.

UN COMÉDIEN DÉBAUCHÉ

Le comportement libertin du comédien Jacques de Mareuil provoque les autorités religieuses, et ses esclandres lui valent d'abord l'emprisonnement et, finalement, un retour forcé en France.

Jacques de Mareuil est un militaire réformé des troupes de la marine qui vient s'installer à Québec au printemps de 1693; Mareuil est un protégé de Frontenac qui demeure à la résidence du gouverneur, le château Saint-Louis, et ses talents de comédien l'amènent à monter des pièces de théâtre[33]. Très tôt en Nouvelle-France, on prend plaisir à monter des pièces. En 1646, par exemple, le *Cid* de Corneille est présenté à Québec. Durant l'hiver 1694, on monte plusieurs spectacles dont *Nicodème* de Corneille et *Mithridate* de Racine; les personnages sont joués par des militaires talentueux et par des femmes de bonne éducation. Le Tout-Québec du temps participe activement à cette vie culturelle.

Tout va pour le mieux dans le meilleur des mondes jusqu'au jour où cette rumeur circule dans la ville: le gouverneur Frontenac aurait l'intention de présenter la pièce *Tartufe* de Molière dans le but de choquer le clergé, qu'il n'affectionne pas particulièrement[34]. Un ingrédient additionnel vient se mélanger au cocktail: le rôle principal serait tenu par le comédien Jacques de Mareuil, dont le comportement en société se trouve déjà sous très haute surveillance de l'évêque. Précisons que dès sa venue au pays, Mareuil n'a pas bonne réputation, car il aime la débauche, semble-t-il, et tient souvent des propos indécents; son évêque lui reproche souvent son comportement paillard.

Cette fois-ci, le choix de la pièce et celui du comédien mettent le feu aux poudres. Mgr de Saint-Vallier passe à l'attaque et tente d'anéantir le projet. Sa première cible est Mareuil, contre lequel il rédige et publie, le 16 janvier 1694, une ordonnance intitulée *Mandement sur les discours impies*:

> Nous voulons pour cette fois nous contenter de sommer le Sieur de Mareuil qui, au mépris des avis souvent réitérés que nous lui avons donnés et fait donner par des personnes très dignes de foi, continue à tenir des discours en public et en particulier, qui seraient capables de faire rougir le ciel et d'attirer les carreaux de la vengeance de Dieu sur sa tête [...] ce qui nous oblige à lui dire que s'il continue à tenir un pareil langage, nous nous verrons contraint de le retrancher du nombre des fidèles [...] ordonnant à tous les prêtres de ce diocèse de le refuser à la sainte table s'il venait s'y présenter.

Le même jour, Mgr de Saint-Vallier lance une seconde salve contre le théâtre en rédigeant le *Mandement au sujet des comédies*:

> Mais au sujet des spectacles et comédies impies ou impures ou injurieuses [...] comme

pourrait l'être la comédie du Tartufe [...].
Nous déclarons que ces sortes de spectacles
et comédies ne sont pas seulement dange-
reuses, mais qu'elles sont absolument mauvaises et criminelles d'elles-mêmes et qu'on
ne peut y assister sans péché et comme telles
nous les condamnons et faisons défenses très
expresses à toutes les personnes de notre diocèse de quelque qualité et condition qu'elles
soient de s'y trouver.

Pour compléter le tout, l'évêque va même rencontrer
le gouverneur pour conclure le pacte suivant: en
échange d'une somme d'argent, cent pistoles,
Frontenac met fin au projet *Tartufe*.

Mareuil oppose une réplique énergique par de mul-
tiples requêtes soumises au Conseil souverain. Il veut
qu'on annule le mandement de l'évêque qui a terni sa
réputation. L'affaire traîne en longueur et oblige plusieurs personnes à prendre position: l'intendant
Champigny, Mgr de Saint-Vallier, le commissaire
Villeray, le procureur général d'Auteuil et Frontenac. Le
15 mars 1694, ce dernier demande au Conseil de régler
le dossier de son protégé en alléguant ce qui suit: «Il lui
doit être très fâcheux de se voir privé de sacrements et
tombé, par le mandement que M. l'Évêque a fait publier
contre lui, dans l'horreur et la détestation de tout le
monde qui le traite d'impie et de scélérat. Ainsi, il est de
son intérêt qu'on examine s'il est coupable de crime
dont il est accusé ou s'il est innocent.»

Le 11 juin 1694, le gouverneur revient à la charge mais en vain. Le 14 octobre 1694, le procureur général décide de mettre en prison Mareuil et on saisit tous ses biens. C'est finalement Frontenac qui aura le dernier mot en convaincant le Conseil de libérer Mareuil le 29 novembre 1694; dans le plus grand secret, on le fait monter sur un navire et il retourne en France.

UN PRÊTRE AUX MŒURS DOUTEUSES

Aumônier affecté au service d'une communauté religieuse de Québec, André-Louis de Merlac doit fuir le pays pour retourner en France, car le milieu n'apprécie pas du tout sa conduite.

Merlac est un tout jeune prêtre quand Mgr de Saint-Vallier l'amène avec lui à Québec en 1688 pour en faire son grand vicaire[35]. En plus de cette responsabilité, en 1690, Merlac assume le rôle d'aumônier chez les religieuses de l'Hôtel-Dieu de Québec. Dans les *Annales de l'Hôtel-Dieu de Québec*, un commentaire rédigé en 1691 confirme la présence de ce prêtre, et rien de particulier n'est noté sur sa conduite: «Après le départ de monseigneur l'évêque qui passa en France dès le printemps de cette année [...] avant que de s'embarquer, sa Grandeur présida à nos élections le premier avril, assisté de M. André de Merlac, notre supérieur.»

Mais en 1694, Merlac fait l'objet de dénonciations acerbes et accablantes: il y a un loup dans la bergerie. En effet, une religieuse exprime la grande satisfaction de sa communauté à propos de la venue, le 1er juillet 1694, de leur nouvel aumônier, M. de La Colombière, et elle profite de l'occasion pour faire le bilan du mandat de Merlac:

> [De La Colombière] nous délivra de celui à qui Monseigneur avait confié cette charge, qui était un homme si dangereux [Merlac] que nous regardons comme un des plus grands effets de la bonté de Dieu sur notre maison, de nous savoir préservées des malheurs ou la corruption de ce méchant prêtre qui pouvait entraîner plusieurs de nos religieuses, qui écoutaient avec simplicité ce qu'il leur disait pour les séduire et pour les perdre. Ce fut sur la déposition qu'elles firent par écrit des sottises atroces qu'il leur avait dites, que la supérieure se trouva obligée de demander à Monseigneur l'Évêque qu'il éloignât de cette communauté cet indigne ministre.

D'autres personnes, comme un dénommé Glandelet, accusent Merlac de distribuer des livres sur le jansénisme et, dans une de ses lettres à Mgr de Saint-Vallier, Mgr de Laval doutait même des mœurs de Merlac qui doit retourner en France le 2 octobre 1694.

LES QUÉBÉCOISES SONT TROP EXCITANTES

Dans ce cas-ci, nous n'avons pas affaire qu'à un seul personnage scandaleux, mais, selon Mgr de Saint-

Vallier, c'est l'ensemble des Québécoises du temps qui font scandale par leur habillement trop provocant. En octobre 1685, et une seconde fois en octobre 1690, l'évêque se dit obligé d'intervenir car «quoique les prédicateurs aient souvent invectivé contre ces désordres, et qu'il est à croire que les confesseurs font leurs devoirs à l'égard de celles qui se montrent incorrigibles, l'expérience néanmoins nous fait voir que tout cela a servi de peu jusqu'à présent[36]».

Pour que l'évêque ait à intervenir sur une *chose*, c'est assurément que *la chose* existe. L'évêque a-t-il le scandale trop facile? À vous d'en juger. Qu'il y ait scandale ou non, remercions au moins cet évêque d'avoir laissé à la postérité une description explicite de la mode féminine québécoise au XVIIe siècle. Le 6 octobre 1685, il écrit:

> Ce faste des habits paraît premièrement dans les étoffes riches et éclatantes dont elles sont revêtues et qui excèdent beaucoup leur condition ou leurs moyens, il paraît encore dans les ajustements excessifs qu'elles mettent sur elles, dans les coiffures extraordinaires qu'elles affectent dans leurs têtes découvertes et pleines d'affiquets et dans ces frisures immodestes [...]

> Mais la circonstance qui rend le luxe des habits dans les filles et femmes infiniment pernicieux est l'indécence et l'immodestie scandaleuse des habits mêmes, qui paraît dans les nudités

d'épaules et de gorges qu'elles font voir à découvert, ou qu'elles se contentent de couvrir de toiles transparentes, ce qui est absolument défendu, et ne doit jamais être toléré, comme étant la cause de la perte d'une infinité d'âmes, suivant cette parole du Saint-Esprit en l'Écriture Sainte, qui nous avertit de détourner nos yeux d'une femme indécemment parée, parce que plusieurs ont péri charmés par son extérieur vain et pompeux [...].

Tous ces dérèglements prennent leur naissance dès le bas âge où l'on voit des petites filles, même celles qui sont de basse extraction, parées et ajustées comme des poupées et que l'on fait paraître avec les épaules et la gorge nues, ce qu'elles continuent quand elles sont plus grandes et même mariées.

Mgr de Saint-Vallier ne semble pas avoir obtenu ce qu'il souhaitait, car il revient sur ce sujet, en octobre 1690, en publiant une *Ordonnance touchant l'ivrognerie et l'impureté*:

Que vous [les prêtres] ne vous contentiez pas que vos pénitentes soient habillées modestement quand elles sont dans l'église ou qu'elles s'approchent des sacrements; mais que vous vous informiez encore comment elles sont chez elles; car nous avons su que plusieurs femmes et filles ne font point scrupule d'avoir la gorge et les épaules découvertes quand elles sont dans leur maison, et nous en avons même rencontrées en cet état. Or pour déclarer nettement notre intention sur cet article, nous vous défendons expressément d'absoudre les filles et les femmes qui porteront la gorge et les épaules découvertes, soit dedans, soit dehors leur maison ou qui ne les auront couvertes que d'une toile transparente.

UN OFFICIER INDÉSIRABLE

Jacques-François Hamelin de Bourgchemin est un haut gradé de l'armée qui cause bien des maux de tête aux autorités civiles et religieuses.

Né à Louze (France) le 6 janvier 1664, Bourgchemin se retrouve au Québec en 1687; le 13 novembre 1687, dans la paroisse de Champlain, il épouse Elizabeth Dizy, âgée de 15 ans. En 1691, Bourgchemin commande un détachement de soldats à Contrecœur et, en 1694, on le nomme commandant du fort de Saint-François; en 1695, il obtient une seigneurie le long de la rivière Yamaska[37].

À la lecture d'une lettre du 4 novembre 1695, on voit bien que le gouverneur Frontenac est dans tous ses états en précisant à ses patrons de France la raison de son impatience: «Il y a ici trois ou quatre officiers que je suis obligé par nécessité de faire repasser en France à cause de leur mauvaise conduite, et des affaires qui s'y sont faites, et qui auraient dû être punies plus sévèrement.» Bourgchemin est pointé du doigt et voyons pourquoi.

En février 1690, à Batiscan, un groupe d'hommes et de femmes sont réunis chez un dénommé René Beaudoin, et l'alcool coule abondamment[38]. À la suite d'un commentaire de l'épouse de Bourgchemin, Aubin Maudou se fâche et lance des insultes à cette femme. Voulant venger l'honneur de son épouse, Bourgchemin, le lendemain, va causer un drame. Lors de l'enquête, un témoin raconte ceci:

> Environ l'heure du midi, étant dans le chemin près de la maison dudit Mauran où loge ledit Maudou, elle aurait vu venir Bourgchemin [...]. Il prit tout d'un coup un manche de hache qui était dans la maison et le tenant à deux mains en aurait donné un coup de toutes ses forces au-dessus de l'œil droit dudit Maudou.

La victime porte plainte et Bourgchemin doit comparaître au tribunal, mais l'affaire se règle à l'amiable quand l'accusé donne une somme d'argent à sa victime.

Le 28 septembre 1694, en visite à Sorel, Mgr de Saint-Vallier écrit une note spéciale au gouverneur Frontenac lui demandant de sévir contre deux officiers, dont Bourgchemin, qui ont refusé d'assister à la messe le dimanche. Son dossier continue de s'alourdir quand Frontenac, dans une correspondance, présente d'autres faits: «Pour le dernier qui se nomme Bourgchemin, son affaire est encore beaucoup plus vilaine étant accusé d'avoir empoisonné une fois sa femme et d'être dans le dessein, n'ayant pas réussi, de recommencer.»

Bourgchemin veut effectivement se débarrasser de sa femme en raison d'une «passion désordonnée qu'il a pour une petite fille qu'on croit l'avoir sollicitée à cela dans l'espérance de l'épouser après». Et Frontenac de conclure sur son cas: «Vous voyez bien, Monseigneur, que ces sortes de gens-là ne nous sont guère propres et qu'il est bon de s'en défaire le plus tôt qu'on peut.» Bourgchemin est retourné en France où il décède vers 1695.

Ta gueule, l'artiste!

Jean Berger rate une très belle occasion de se taire et sa verve exaltée va lui coûter rien de moins que l'expulsion du pays. Il a oublié ce proverbe: la parole est d'argent, mais le silence est d'or.

Berger naît vers 1681 dans la région de Lyon; à la fois militaire et artiste, il arrive à Québec vers 1700. Le 17 avril 1706, à l'église Notre-Dame à Québec, il épouse Rachel Storer; les arts qu'il exerce sont la peinture et la chanson[39].

Le 24 février 1709, vers dix heures le soir, l'apothicaire Claude Saint-Olive quitte la maison de Daniel

Greysolon, rue Saint-Paul, à Montréal; à la hauteur du cabaret tenu par un dénommé Picard, deux hommes attaquent Saint-Olive[40]. Le lendemain, Saint-Olive croit connaître les agresseurs et porte plainte contre Lambert Thuret, un militaire, et Jean Berger, un peintre de 27 ans. Berger réussit à prouver qu'il n'était pas présent lors du crime; l'individu recherché est finalement le soldat Latour. Les agresseurs sont condamnés à la pendaison qui n'aura pas lieu, car les deux lurons ont pris la fuite.

Jean Berger est toujours en prison et le restera. Durant sa détention, les autorités n'apprécient pas beaucoup la chanson qu'il a composée, dans laquelle il se moque de la justice et aussi de l'erreur commise à son endroit dans l'affaire de Saint-Olive. Présenté lors de son procès, le texte de la chanson fut donc conservé dans les archives judiciaires et c'est ce couplet qui a sûrement causé sa perte:

> Ceux qui ont plus profité
> De ce plaisant affaire
> Messieurs les juges et les greffiers
> Les huissiers et les notaires
> Ils iront boire chés [chez] Lafont
> Chacun en se moquant de lui.

Berger va réussir à son tour à fuir le pays après son procès et n'aura pas le déplaisir d'entendre la condamnation préparée à son endroit, le 1er octobre 1709, par le tribunal du Conseil:

Jean Berger est déclaré atteint et convaincu d'avoir fait et composé la chanson mentionnée au procès au mépris et dérision dudit Saint-Olive pour réparation de quoi il est condamné à être appliqué au carcan en la place publique du lieu de Montréal un jour de marché et y demeurer attaché par le col [cou] l'espace d'une heure, avec un écriteau devant et derrière où il serait écrit *Auteur de chansons diffamatoires* [et il] est banni à perpétuité de la ville.

RAUDOT LÉGALISE L'ESCLAVAGE

Ceux et celles croyant encore que l'esclavage est un problème qui n'a pas touché la Nouvelle-France auront peut-être une petite surprise. Le 13 avril 1709, notre intendant Jacques Raudot émet une ordonnance légalisant officiellement l'esclavage en Nouvelle-France.

L'historien Marcel Trudel fait la lumière sur ce sujet dans ses deux études remarquables: *L'esclavage au Canada français* et *Dictionnaire des esclaves et leurs propriétaires au Canada français*. Alors, inutile de se cacher plus longtemps la tête dans le sable, nos ancêtres ont très largement trempé les deux mains dans cette poutine: les francophones, les anglophones et, oui, les Amérindiens alliés. L'esclavage, très répandu au XVIIᵉ et au XVIIIᵉ siècle en Nouvelle-France, va lentement disparaître au XIXᵉ siècle. Le premier cas connu est celui d'Olivier Lejeune vendu pour 50 écus par les frères Kirke à un dénommé LeBaillif qui, à son tour, en fait cadeau à Guillaume Couillard en juillet 1632.

Selon Trudel, pour la période étudiée, on compte 4 092 esclaves classés en deux catégories: les «nègres», au nombre de 1 400, et les «Panis», des Amérindiens ennemis des Français et des autres Amérindiens alliés; ces «Panis», faits prisonniers, sont principalement originaires du territoire actuel des États-Unis. Les termes identifiant les esclaves et accolés à leur nom dans les contrats d'achat ou de vente sont variés et, disons-le, plutôt subtils: *appartenant à, demeurant chez,* etc. Les propriétaires sont de tous les milieux sociaux: des marchands, des évêques et des prêtres, des militaires, des médecins, des gens de métiers divers et même des organisations comme l'Hôtel-Dieu de Québec et de Montréal.

L'esclavage en Nouvelle-France est autorisé par Louis XIV le 1er mai 1689. Le roi donne suite à la demande du gouverneur Denonville qui voit dans cette pratique un excellent moyen d'obtenir de la main-d'œuvre à très bon marché. Trudel présente dans son étude l'extrait de la lettre de Louis XIV:

> Le Procureur Général du Conseil souverain de Québec qui est passé en France a fait connaître à Sa Majesté que les principaux habitants de Canada sont dans la résolution d'y faire venir des nègres pour les employer à la culture des terres et aux défrichements si Sa Majesté veut leur en donner la permission,

pour éviter les grandes dépenses qu'ils sont obligés de faire en se servant des ouvriers et des journaliers du pays dont la cherté est excessive. Sur quoi Sa Majesté est bien aise de leur dire qu'Elle consent que les habitants fassent venir des nègres comme ils proposent.

Voici donc cette fameuse ordonnance du 13 avril 1709:

Ayant une connaissance parfaite de l'avantage que cette colonie retirerait si on pouvait sûrement y mettre, par des achats que les habitants en feraient, des sauvages qu'on nomme Panis, dont la nation est très éloignée de ce pays, et qu'on ne peut avoir que par des sauvages qui vont les prendre chez eux et les trafiquent le plus souvent avec les Anglais de la Caroline, et qui en ont quelques fois vendu aux gens de ce pays, lesquels se trouvent souvent frustrés des sommes considérables qu'ils en donnent par une idée de liberté que leur inspirent ceux qui ne les ont pas achetés, ce qui fait qu'ils quittent quasi toujours leurs maîtres, et ce, sous prétexte qu'en France il n'y a point d'esclaves, ce qui ne se trouve pas toujours vrai, par rapport aux colonies qui en dépendent, puisque dans les îles de ce continent tous les nègres que les habitants achètent sont toujours regardés comme tels; et comme toutes les colonies doivent être regardées sur le même pied, et que les peuples de la nation Panis sont aussi nécessaires aux habitants de ce pays pour la culture des terres et autres ouvrages qu'on pourrait entreprendre, comme les nègres le font aux îles, et que même ces sortes d'engagements sont très utiles à cette colonie, étant nécessaire d'en assurer la propriété à ceux qui en ont achetés et qui en achèteront à l'avenir;

Nous, sous le bon plaisir de Sa Majesté, ordonnons que tous les Panis et nègres qui ont été achetés et qui le seront dans la suite appartiendront en pleine propriété à ceux qui les ont achetés, comme étant leurs esclaves;

Faisons défense auxdits Panis et nègres de quitter leurs maîtres et à qui que ce soit de les débaucher sous peine de cinquante livres d'amende.

Ordonnons que la présente ordonnance sera lue et publiée aux endroits accoutumés dans les villes de Québec, Trois-Rivières et Montréal [...].

Fait et donné en notre hôtel, à Québec, le treizième avril, mil sept cent neuf.

Signé: RAUDOT[41]

ON PROFANE L'INSTITUTION DU MARIAGE

Comme plusieurs autres couples en Nouvelle-France, Louis de Montéléon et Marie-Anne-Josette de

Lestringant vont profaner le caractère sacré du mariage et son rituel en s'épousant «à la gaumine» le 7 janvier 1711 à Beauport[42]. À l'époque, cette affaire engendre tout un scandale dans la région de Québec, car nos deux amoureux sont liés à des familles de l'élite; Montéléon est officier dans la marine et Lestringant est la petite-fille du seigneur de Beauport, Nicolas Juchereau.

Cette façon illégale de se marier connaît une certaine popularité au début du XVIIIe siècle; en France, un certain Gaumin aurait lancé cette mode qui consiste à se rendre «à l'église pendant la messe du curé de la paroisse, accompagnés de deux témoins, et là se [prendre] pour mari et femme sans autre cérémonie». Le présent cas va amener les autorités civiles et religieuses à instituer une enquête approfondie et, le lundi 9 février 1711, le Conseil souverain «déclare le prétendu mariage dudit de Montéléon avec ladite Marie-Anne-Josette de Lestringant mal, nullement, illicitement, scandaleusement et non valablement contracté et en conséquence l'a déclaré et déclare nul, fait défense aux parties d'habiter ensemble». Le tout rentre dans l'ordre, car les conjoints se marient officiellement à l'église de Beauport le 15 février suivant.

Mais cette sorte de mariage devient tellement populaire que Mgr de Saint-Vallier est obligé d'intervenir en publiant, le 24 mai 1717, un *Mandement pour condamner les mariages à la gaumine*:

Étant obligé par le devoir de notre charge de veiller sans cesse sur le troupeau que le souverain Pasteur des âmes nous a confiées, nous nous trouvons aujourd'hui obligé d'employer les remèdes les plus forts pour guérir un mal qui n'a déjà causé que trop de désordres dans ce diocèse. Jusqu'ici [...] l'on avait respecté la sainteté du sacrement du mariage dans ce pays; et même les plus libertins étaient entrés en eux-mêmes, pour le contracter saintement [...] mais nous avons appris depuis peu [...] par les plaintes de nos missionnaires et curés, que plusieurs gens, au mépris des lois civiles et ecclésiastiques, contre le respect dû à l'Église et à leurs propres parents, avaient trouvé par l'instigation du démon, une manière détestable de contracter des mariages, qu'ils appellent «à la gaumine», en se présentant devant leur curé, ou autre prêtre, pour le prendre à témoin du prétendu mariage qu'ils veulent contracter, sans les cérémonies de l'Église, et souvent malgré leurs parents, et à leur insu [...]. À ces causes [...] nous déclarons excommuniés [...] tous ceux qui dans la suite oseront contracter de si détestables mariages, soit devant le curé [...] ceux aussi qui seront assez méchants pour les conseiller, tous les témoins apostés pour lesdits mariages, et les notaires qui en dresseraient l'acte.

UN JUGE DÉLINQUANT

En 1718, l'audacieux juge Bouat est démis de ses fonctions et condamné à un mois de prison pour avoir commis des activités commerciales illégales[43].

François-Marie Bouat naît à Montréal le 25 mars 1676; le 7 juin 1700, à Québec, il épouse Madeleine Lambert-Dumont. D'abord actif dans le commerce des fourrures, il accède à la fonction publique de l'époque, ayant comme tâche de faire respecter l'ordre public. En 1711, il devient juge suppléant et, le 27 avril 1716, on le nomme juge.

En dépit de sa nomination à une noble fonction, les odeurs de l'argent, du commerce et du profit continuent à chatouiller les narines du juge Bouat. En 1718, il obtient une permission spéciale du gouverneur Ramezay d'expédier deux canots de marchandises jusqu'à Détroit; mais au lieu de s'en tenir à la permission qu'on lui avait accordée, Bouat expédie un troisième canot. Les autorités sont furieuses et, en conséquence, «le juge de Montréal fut condamné à un mois de prison et interdit des fonctions de sa charge jusqu'à ce qu'il eût plu au roi de le rétablir[44]».

Généreux et plutôt clément à son endroit, le 2 juin 1720, le roi lui redonne son poste, mais lui ordonne «qu'il s'abstienne absolument de tout commerce, soit pour lui, soit pour les autres» parce que «comme commissaire [...] cela ne convient point et est incompatible avec la place qu'il occupe». C'est mal connaître l'individu, car un document daté de 1724 prouve qu'il fait encore des affaires commerciales. Et c'est sans compter que déjà en 1695, il avait été condamné pour commerce illégal d'alcool!

UN MÉNAGE À TROIS DÉNONCÉ

À Montréal, la vie intime du couple des Musseaux-Le Picard fait grandement jaser. Des rumeurs circulent au sujet d'une femme qui habite dans la résidence de ce couple. Ayant été informé de la situation, Mgr de Saint-Vallier publie, le 26 mai 1719, un mandement particulier pour dénoncer publiquement ce triumvirat de l'amour[45].

Né à Montréal le 27 mars 1666, Jean-Baptiste d'Ailleboust des Musseaux épouse Anne Le Picard le 19 avril 1689; cet ex-militaire choisit le monde des affaires et s'établit à Montréal, rue Saint-Paul.

Voici donc le texte intégral de Mgr de Saint-Vallier qui donne une très bonne description de la situation:

> Les différents avis que nous avons eus de la mauvaise conduite que garde M. des Musseaux avec une fille Agueniée qu'il a voulu prendre et qu'on ne saurait le résoudre de mettre dehors de chez lui, malgré tous les motifs divins et humains qu'on lui peut représenter, nous oblige, nos très chers frères, de vous dire que nous lui avons écrit très for-

tement pour l'y résoudre. Mais comme au lieu d'avancer, nous avons connu par nous-mêmes par tout ce qui nous a été rapporté par personnes considérables, que bien loin de vouloir se soumettre il a engagé sa femme à s'expliquer de manière à ne lui point permettre de la renvoyer malgré les cris du public, grands et petits qui viennent tous les jours à nous pour se plaindre de ce scandale auquel nous nous voyons obligé de remédier par le devoir de notre charge.

C'est pourquoi avant de jeter nos yeux sur les censures de l'Église dont nous craignons avec douleur d'être forcés de nous servir, nous jugeons à propos de recourir aux remèdes plus doux et que Dieu peut rendre, par sa bonté, aussi efficaces que celui de l'excommunication.

Ce remède consiste à vous défendre [aux prêtres] de recevoir au Sacrement de Pénitence et encore plus d'accorder le bienfait de l'absolution audit sieur Des Musseaux et à ladite fille Agueniée sa servante.

Mais l'obstination de l'un et de l'autre nous faisant croire que si cette défense ne regarde que ces deux personnes, elle ne produira point le fruit que nous en attendons, nous y ajoutons la défense de confesser et d'absoudre les deux personnes qui peuvent plus contribuer à faire réussir la chose, madame Des Musseaux, épouse de M. Des Musseaux, et Agueniée le père qui doit tout employer pour retirer sa fille du péril où elle se trouve.

Ne manquez donc pas nos très chers frères de rejeter les deux personnes comme les deux premières du tribunal de la pénitence, qu'elles n'aient auparavant employé toute l'autorité d'un père sur sa fille pour la faire sortir, et l'amour d'une Épouse pour son Époux pour le déterminer à ne pas garder dans sa maison celle qui fait tort et préjudice aux âmes, et qui les éloigne, par son scandale, de la voie de leur salut.

LE FESTIVAL DE LA BÊTISE HUMAINE

Le 26 décembre 1727, à l'Hôpital Général de Québec, décède le deuxième évêque de Québec, Mgr Jean-Baptiste de La Croix de Saint-Vallier, à l'âge de 74 ans. Les funérailles doivent avoir lieu le 3 janvier suivant. Mais quelles funérailles! Selon l'expression populaire, les circonstances entourant l'événement ont sûrement donné à ce cher évêque toutes les raisons du monde de se retourner des centaines de fois dans sa tombe tellement les agissements des autorités civiles et religieuses furent d'un ridicule consommé[46].

Mgr de Saint-Vallier avait choisi son exécuteur testamentaire en la personne de Claude-Thomas Dupuy, alors intendant de la Nouvelle-France. En plus d'organiser les funérailles, Dupuy doit s'occuper de régler la succession. Dans un mémoire, il fournit des détails quant à son rôle:

> Il avait fait son testament et ordonné sa sépulture dans l'église paroissiale de son Hôpital Général, où il s'était retiré depuis nombre d'années, distant d'une demie lieue de la ville de Québec, église absolument indépendante d'aucune autre église; il y avait fait construire une chapelle sépulcrale et y avait fait creuser son tombeau sur lequel il avait la piété d'aller tous les jours prier pendant deux heures [...]. Il m'avait nommé son exécuteur testamentaire et m'avait surtout recommandé son Hôpital Général, dont il avait fait les religieuses ses légataires universelles [...]. Comme exécuteur testamentaire, je songeai aux obsèques. On dressa une chapelle ardente où le corps de Mgr l'Évêque resta sept jours, la face découverte, jusqu'à ce qu'on eût préparé la pompe funèbre dans l'église paroissiale de son Hôpital Général où il devait être inhumé.

Mais un scandale éclate le jour même du décès de l'évêque. La vie devant suivre son cours, il faut bien choisir un remplaçant, assurant l'intérim et exerçant tous les pouvoirs dévolus à un évêque et présidant la cérémonie du service funèbre. Selon le chercheur Auguste Gosselin, M. de Lotbinière était la personne toute désignée:

Si le Chapitre, aussitôt après la mort de Mgr de Saint-Vallier, eût choisi pour vicaire capitulaire celui qui s'attendait évidemment à l'être, et qui s'imposait vraiment à son choix, son pro-doyen, son archidiacre, le président habituel de ses assemblées, l'homme de confiance de Mgr de Saint-Vallier et son grand vicaire, rien ne serait arrivé de tous les épisodes disgra-cieux dont on fut témoin. M. de Lotbinière avait tout ce qu'il fallait pour remplir noble-ment et efficacement la position, et il eut été bien vu de tout le monde, spécialement de l'autorité civile et du Conseil supérieur.

Le Chapitre regroupait et constituait une assemblée de prêtres et de chanoines qui étaient responsables de la paroisse de Québec, dont le curé était Étienne Boullard.

M. Boullard et les chanoines du Chapitre ne perdent pas de temps à se réunir le 26 décembre pour désigner M. Boullard comme successeur de l'évêque au lieu de M. de Lotbinière qui «n'avait pas manqué de consta-ter, dès la première assemblée, que non seulement il ne serait pas nommé vicaire capitulaire, mais qu'on allait même lui contester le droit qu'il prétendait avoir, en sa qualité d'archidiacre, de présider aux offices solennels de la cathédrale, et tout particulièrement aux obsèques de l'Évêque». Une guerre sans merci va s'engager entre les deux clans: les chanoines du Chapitre de Québec contre Dupuy, le Conseil supérieur et M. de

Lotbinière, une guerre durant laquelle personne ne fera de cadeau à personne.

Dupuy est mis au courant des intentions du camp adverse et s'exprime sur une stratégie possible:

> J'en eus des avis de toutes parts, et de bouche et par écrit, lesquels me jetèrent dans une grande inquiétude sur ce que je m'étais engagé, au cas que le temps et la rigueur de la saison le permissent, de faire porter le corps à Québec, à la cathédrale, et successivement en toutes les églises de communautés qui demandaient à le recevoir et à lui dire des prières [sans doute pour ne pas décevoir le Chapitre], et de le rapporter de là à l'Hôpital Général où il devrait être inhumé, ayant même pour cela fait équiper un char en forme de traîne et fait caparaçonner des chevaux à cet effet [...]. Il y avait cependant cinq pieds de neige sur la terre: il fallait faire une demie lieue de chemin dans la campagne, le froid était excessif et tout s'opposait, en une saison si peu convenable, au projet d'un pareil convoi [...] qui n'aurait pu même s'exécuter à cause des poudreries qui survinrent.

Mais, craignant que le Chapitre fasse tout pour enterrer la dépouille dans la cathédrale, l'intendant passe à l'action la veille du 3 janvier:

Le 2 janvier 1728, veille du jour fixé pour les funérailles, il se rendit pendant la soirée à l'Hôpital Général avec M. de Lotbinière, archidiacre, M. André de Leigne, lieutenant-général de la Prévôté et M. Hiché, procureur du roi [...]. Il ordonna à la supérieure, la mère Geneviève Duchesnay de Saint-Augustin, de faire fermer les portes des salles; puis il assembla toutes les personnes de la maison dans le vestibule de l'église [...]. Là, M. Dupuy déclara qu'il venait faire sans le moindre délai l'enterrement de Mgr de Saint-Vallier, parce que les chanoines étaient déter-minés à l'inhumer dans la cathédrale [...]. Après les prières prescrites, ils prirent le corps de Mgr de Saint-Vallier qu'ils renfermèrent dans deux cercueils, l'un de plomb et l'autre de chêne et le portèrent à l'église. M. Dupuy, les personnes venues avec lui et les pauvres de l'Hôpital Général, portant des cierges, for-maient le cortège funèbre [...]. À l'église, la cérémonie fut très simple. Après le *Libera* entonné par M. Dupuy lui-même, le cercueil fut déposé dans le tombeau préparé au pied de l'autel du Saint Cœur de Marie.

Durant la soirée du 2 janvier, le clan du Chapitre apprend que les funérailles ont eu lieu et que l'évêque est inhumé. Furieux, loin d'enterrer aussi la hache de guerre, M. Boullard continue les attaques. Il tente de soulever la population qu'on rassemble d'urgence en utilisant un subterfuge: «Ils vinrent à l'Hôpital

Général après avoir fait sonner le tocsin à leur église, sous prétexte du feu qui était audit hôpital, ce qui était très faux, comme le peuple l'a pu voir», note l'intendant. M. Boullard publie le 6 janvier un mandement spécial pour démettre de ses fonctions la supérieure de l'hôpital et interdit les offices religieux dans l'église de cet endroit. Dans le but d'affirmer et d'imposer son pouvoir comme remplaçant de Mgr de Saint-Vallier, on va jusqu'à menacer d'excommunication et à harceler les autres communautés religieuses. En riposte, le Conseil supérieur réagit en publiant des ordonnances contestant le rôle que veut exercer M. Boullard et menace le clergé de sévir s'il obéit à ce dernier; voici un extrait de l'ordonnance du 16 janvier 1728:

> L'Église étant dans l'État, et non l'État dans l'Église, faisant partie de l'État sans lequel elle ne peut subsister [...]. Faisons de très expresses inhibitions et défenses aux prétendus vicaires généraux du chapitre de Québec, d'envoyer ledit mandement et manifeste pour être publié en aucune église de la colonie [...]. Faisons pareillement défenses aux curés et missionnaires des églises paroissiales du Canada de faire la publication dudit mandement et manifeste et d'aucun autre qui émane desdits prétendus vicaires généraux, à qui le Conseil supérieur a fait défenses de prendre cette qualité et d'en faire les fonctions, sous peines contre lesdits curés et missionnaires d'être déclarés désobéissants aux

ordres du roi et à la justice et sous peine de la saisie du revenu temporel de leurs cures.

Cette guerre de pouvoir va se poursuivre durant des semaines et ce sont finalement les autorités françaises qui tranchent le débat: Dupuy est rappelé en France et c'est M. de Lotbinière qui exercera l'autorité de l'Église et non M. Boullard.

MADELEINE DE VERCHÈRES: SCANDALEUSE OU HÉROÏQUE?

Pour ceux qui se rappellent bien de leur histoire nationale, Madeleine trône dans le firmament des célébrités de notre histoire: elle est cette adolescente qui sauve de la mort de nombreux habitants de la frêle colonie naissante en repoussant une attaque d'Iroquois.

Marie-Madeleine Jarret de Verchères naît à Verchères le 3 mars 1678; elle est la quatrième des 12 enfants de François Jarret de Verchères et de Marie Perrot[47]. André Vachon précise que la seigneurie de ses parents se situe dans une région où les attaques iroquoises sont fréquentes:

> À l'exemple de bien d'autres seigneurs, M. de Verchères fit élever un fort pour la protection de sa famille et de ses censitaires: grossière palissade rectangulaire, de 12 à 15 pieds de hauteur, avec, à chaque angle, un bastion; pas de fossés, et une seule porte, du côté de la

rivière. À l'intérieur, le manoir du seigneur, une «redoute», qui servait à la fois de corps de garde et d'entrepôt à munitions [...]. Une ou deux pièces de campagne, peut-être de simples pierriers, destinés à donner l'alerte plus qu'à repousser l'ennemi, complétaient ce modeste dispositif de défense.

Afin de se rafraîchir la mémoire, voici l'exploit tel que le résume André Vachon qui cite lui-même des extraits de l'historien La Potherie:

Le 22 octobre 1692, donc, à huit heures du matin, n'y ayant au fort de Verchères qu'un soldat en faction, des Iroquois, cachés dans les buissons avoisinants, surgirent tout à coup et s'emparèrent d'une vingtaine d'habitants occupés aux travaux des champs. Madeleine, qui était à 400 pas de la palissade, fut poursuivie et bientôt rejointe par un Iroquois qui la saisit par le mouchoir qu'elle portait au cou: le dénouant, elle se jeta dans le fort dont elle ferma la porte sur elle [...]. Elle tira sur les assaillants un coup de canon qui «eut heureusement tout le succès [...] pour avertir les forts voisins de se tenir sur leurs gardes» [...]. Le bruit du canon, selon La Potherie, «épouvanta [les Iroquois] de frayeur; il rompit toutes leurs mesures et en même temps fit un signal à tous les forts nord et sud du fleuve depuis Saint-Ours jusqu'à Montréal [...] de se tenir sur leurs gardes. Chaque fort se répondant donc l'un à l'autre au premier signal de celui de Verchères jusqu'à Montréal, on détacha cent hommes pour lui donner du secours qui arriva peu de temps après que les Iroquois se furent éclipsés dans le bois.

Voilà pour cet épisode qui donna naissance à une héroïne. Mais la vie de Madeleine ne se termine pas le 22 octobre 1692. En septembre 1706, elle épouse Pierre-Thomas Tarieu de La Pérade et va s'établir à Sainte-Anne-de-la-Pérade où son époux possède une seigneurie. Les faits qui vont être mentionnés étaient-ils ignorés par les auteurs des manuels d'histoire ou était-ce des *omissions* volontaires pour ne pas porter ombrage à l'image de l'héroïne? Quoi qu'il en soit, notre Madeleine nationale se révèle bien surprenante.

L'ethnologue Robert-Lionel Séguin a découvert que Madeleine de Verchères est impliquée, en 1730, dans l'un des plus célèbres procès du XVIIIe siècle en Nouvelle-France. Nuance cependant: on ne peut dire si elle a elle-même provoqué cette affaire scabreuse ou si, au contraire, elle a été totalement victime d'un hurluberlu de la pire espèce, car son opposant est lui-même un dégoûtant personnage. Quand ce curé-là lève le coude, attachez bien votre tuque! En 1730, Madeleine décide donc de poursuivre en justice son curé, l'abbé Gervais Lefebvre:

Né à Montréal vers 1672, le curé Lefebvre serait le premier Québécois à obtenir un doctorat en théologie à l'Université de Paris. Ce qui ne l'empêche pas d'être grivois à ses heures comme en témoigne la plainte qui fait l'objet du présent procès. Barde du dimanche, l'abbé Lefebvre compose et chante des litanies burlesques qui laissent planer de sérieux doutes sur la vertu de la bouillante Madeleine de Verchères[48].

Séguin précise que ce procès a généré plus de 125 pages de notes conservées aux Archives nationales du Québec. Interrogé le 29 juillet 1730, le témoin Daniel Portail affirme être un jour présent au presbytère de Batiscan où se trouve, outre le curé, un groupe de personnes, dont Madeleine et son mari. Jurant que «le vin coule à plein pot» à cette occasion, il a entendu l'abbé Lefebvre dire, devant Madeleine et son époux: «Si j'avais une petite femme comme la vôtre, je la baiserais entre les deux jambes [...] je vous baiserais bien tout à l'heure [...] je vous baiserais à mon retour de Québec.» Avec de tels propos, il n'est pas surprenant de s'attirer des problèmes et un procès.

La vie conjugale de Madeleine et de son époux ne sera pas de tout repos et des comportements peuvent laisser songeur sur la sacro-sainte réputation de l'héroïne. Mentionnons en premier lieu que ce couple va devoir subir plusieurs procès à propos d'acquisitions de terres et de relations avec leurs censitaires. Dans sa recherche, André Vachon n'attribue pas tout le blâme au célèbre couple, mais croit qu'il «ne s'agit pas, cependant, de blanchir entièrement le seigneur et la seigneuresse de La Pérade [...]. Il est certain qu'ils avaient tous deux fort mauvais caractère et qu'il leur arrivait de menacer et de terroriser leurs censitaires, et même de se porter sur eux à des voies de fait graves».

Nous avons vu précédemment que l'esclavage des Noirs et des Amérindiens panis devient légal en Nouvelle-France en avril 1709. Selon vous, qui sont les premiers à acheter légalement un esclave? L'historien Marcel Trudel donne la réponse:

Aussi longtemps que l'intendant Raudot n'a pas posé cet acte officiel qui garantit à leurs propriétaires la possession des Panis, nous ne trouvons aucune vente formelle de Panis. L'intendant publie son ordonnance le 13 avril 1709, et dès le 15 juin suivant le notaire Adhémar est invité à dresser le premier contrat de vente d'un Panis: Madeleine Just, femme du traiteur Pierre d'Youville de Ladécouverte, vend son Panis prénommé Pascal, âgé d'environ 19 ans, au lieutenant Pierre-Thomas Tarieu de Lanaudière de Lapérade, époux de la célèbre Madeleine de Verchères; ce Panis est acheté pour la somme de 120 livres.

Les recherches de Trudel démontrent aussi que les «Tarieu de Lapérade rivalisent avec les plus riches propriétaires: Pierre-Thomas Tarieu de Lanaudière de Lapérade, époux de la célèbre Madeleine de Verchères, dispose de treize esclaves, tous Sauvages [Amérindiens], et nous nous imaginons volontiers sur eux la main ferme de cette maîtresse». Trudel soulève des questions sur la manière dont ce couple traite ses esclaves: «Il a pu arriver, dans une mesure qu'il nous est impossible de définir, que l'esclave s'est fait traiter durement, comme ce Panis Jacques qui, selon sa déclaration de 1734, s'est enfui parce que son maître, l'officier Tarieu de Lanaudière de Lapérade, avait l'habitude de le battre.»

Madeleine de Verchères décède en août 1749, à l'âge de 69 ans, à Sainte-Anne-de-la-Pérade, et son mari meurt en janvier 1757 à l'âge de 79 ans.

L'INTENDANT HOCQUART A-T-IL COMMIS UN MEURTRE?

Selon vous, est-il convenable de forcer un Esquimau à vivre dans les Antilles? À l'inverse, a-t-on humainement le droit de forcer un homme habitué au climat tropical à venir subir les rudes conditions climatiques de l'hiver en Nouvelle-France? L'esclave noir Mathieu Léveillé ne survivra pas à cette expérience. Il est évident que les vêtements de l'époque ne sont pas aussi efficaces qu'aujourd'hui contre le froid et que le mode de chauffage n'est pas aussi performant.

Natif de la région de Mortagne en 1694, Gilles Hocquart arrive à Québec en 1728 pour assumer la fonction d'intendant jusqu'en 1748[49]. Au début de son mandat, signale André Lachance, les autorités judiciaires ont beaucoup de difficultés à trouver un candidat pour occuper le poste de bourreau, aussi appelé *exécuteur de la haute justice*: «C'est alors que l'intendant Hocquart décida de prendre les mesures nécessaires pour acheter un nègre de la Martinique. Finalement, le 24 mars 1733, le comte de Maurepas, président du Conseil de la Marine, écrivit à Monsieur Hocquart qu'il avait demandé à Monsieur D'Orgeville à la Martinique d'envoyer à Québec un nègre[50].»

Acheté pour la somme de 800 livres, Mathieu Léveillé arrive ici en juillet 1734. Malade, il doit être soigné à l'Hôtel-Dieu de Québec où il retournera souvent, car sa santé est fragile. Comme il n'est pas bon que l'homme soit seul, Hocquart achète une esclave noire, Angélique-Denise, pour la marier à Léveillé. Elle arrive en 1742, mais le mariage doit être retardé, car Mathieu est trop malade. La noce n'aura finalement jamais lieu et, selon Lachance, voici pourquoi:

> Il fit ainsi languir la négresse Angélique-Denise pendant toute une année. Mais, malgré ce laps de temps, la santé du «fiancé noir» n'avait pas changé, bien au contraire elle s'était détériorée; car, le 5 septembre 1743, il fut obligé d'entrer à nouveau à l'Hôtel-Dieu de Québec où il mourut, quatre jours plus tard [...]. Le lendemain, 10 septembre 1743, il était enterré dans le cimetière de l'hôpital. Le changement trop radical de climat paraît avoir causé sa mort. C'est peut-être pourquoi les autorités métropolitaines, constatant qu'il

était difficile à un nègre des Antilles de se faire au climat rigoureux du Canada, conseillèrent à l'intendant Hocquart de remplacer «le nègre des hautes œuvres» qui est mort par un Blanc.

UNE ESCLAVE NOIRE FAIT BRÛLER MONTRÉAL

L'une des pires catastrophes de l'histoire de la ville de Montréal se produit dans la soirée du 10 avril 1734 alors qu'un incendie est allumé par une esclave noire.

Née vers 1710, Marie-Joseph-Angélique est l'esclave de François Poulin de Francheville, un marchand de la rue Saint-Paul. Qu'est-ce qui amène cette femme à faire autant de dégâts dans la ville? L'historien Trudel nous résume l'affaire:

> Elle a environ 21 ans lorsqu'on la baptise à Montréal le 28 juin 1730: elle est alors enceinte des œuvres de César, nègre d'Ignace Gamelin; en janvier 1731, elle donne naissance à Eustache; mais elle ne s'en tient pas à si peu: en mai 1732, elle met au monde deux jumeaux et déclare que c'est encore du fait de César. Puis, la négresse Angélique semble délaisser ce premier amant pour tomber dans les bras d'un blanc, Claude Thibault.

> Or un nuage vient assombrir ce roman d'amour: la négresse acquiert en 1734 la

conviction que sa maîtresse [patronne], Thérèse Decouagne devenue veuve de Francheville, se prépare à la vendre. La négresse alors se dispose à fuir vers la Nouvelle-Angleterre en compagnie de son amant. Pour mieux ménager sa fuite, ou pour se venger, dans la soirée du 10 au 11 avril 1734, elle met le feu à la maison de sa maîtresse, rue Saint-Paul, et s'enfuit. La maison devient bientôt un brasier. Les voisins, constatant que les flammes menacent leurs demeures, se hâtent de transporter leurs meubles et effets chez les religieuses de l'Hôtel-Dieu; mais les flammes continuent de progresser d'une maison à une autre; elles se communiquent à l'Hôtel-Dieu, brûlant le couvent et l'église [...]. Et le feu de continuer à s'étendre par la ville: quand il s'arrêta, il avait consumé 46 maisons.

Son amant va réussir à s'enfuir, mais notre chère petite Marie, dans sa fugue, est arrêtée par des officiers de la justice, mise en prison, jugée et condamnée. La sentence prononcée contre cette criminelle nous donne un aperçu des peines qu'on donne à l'époque:

Faire amende honorable, nue en chemise, la corde au col, tenant en ses mains une torche ardente du poids de deux livres au-devant de la principale porte et entrée de l'église paroissiale de la ville de Montréal, où elle sera menée et conduite par l'exécuteur de la haute justice dans un tombereau servant à enlever les immondices, ayant écriteau devant et derrière avec le mot INCENDIAIRE et là nue tête et à genoux déclarer que méchamment elle a mis le feu et causé ledit incendie dont elle se repent et en demande pardon à Dieu, au roi et à la justice, se fait avoir le poing coupé sur un poteau qui sera planté audevant de ladite église, après quoi sera menée par ledit exécuteur dans le même tombereau à la place publique pour y être attachée à un poteau avec une chaîne de fer et brûlée vive, son corps réduit en cendres et jetées au vent.

La malheureuse porte sa cause en appel, mais le Conseil supérieur maintient la peine de mort en modifiant quelque peu les épreuves à subir: son poing sera épargné et on ne brûlera son corps qu'après la pendaison qui a lieu le 21 juin 1734.

LA MÉCHANTE ÉPOUSE DU NOTAIRE GUILLET

Ce pauvre notaire va connaître un premier mariage qui a plus les allures du feu de l'enfer que de la douceur du paradis.

Nicolas-Auguste Guillet de Chaumont naît à Paris vers 1695. D'abord militaire dans la marine, il vient s'établir à Montréal où il est notaire royal vers 1728. D'après sa requête déposée contre son épouse, Marie-Catherine Legras, il faut conclure, si tout ce qu'il raconte est fondé, que le nom de Guillet a été oublié dans la liste des saints martyrs canadiens. Le chercheur Michel Paquin a étudié son drame conjugal:

> Le 6 novembre 1721, à Montréal, Guillet de Chaumont avait épousé Marie-Catherine Legras, veuve d'Antoine Barsalou. Non seulement cette dernière le chargea de ses 11 enfants [...] mais encore elle lui apporta de nombreux ennuis. Après 14 ans d'un mariage stérile, le 14 juin 1735, Guillet de Chaumont réclama, sans succès, devant les tribunaux une séparation de corps, fondant sa demande sur les misères qu'il avait supportées durant toutes ces années. Il accusa sa femme et les enfants Barsalou de le voler continuellement, soutirant de sa cassette des sommes appartenant à ses clients. De plus, selon le témoignage de Guillet de Chaumont, le fils de Jean-Baptiste Barsalou avait tenté de l'assassiner. La veuve Barsalou mourut le 6 février 1737. Quatre mois plus tard, le 27 juin, le notaire épousait Félicité, et ce nouveau mariage permit à Guillet de connaître enfin la quiétude du foyer. De cette union naquirent huit enfants et les descendants de ce notaire portent aujourd'hui le nom de Chaumont[51].

LA SERVANTE DU CURÉ

Ce n'est pas d'hier que la servante du curé fait jaser les bonnes âmes du village où circulent à l'occasion des rumeurs laissant croire que… Enfin, vous devinez de quoi il s'agit. Si on lit attentivement un mandement de Mgr Pierre-Herman Dosquet, le quatrième évêque de Québec, les rumeurs seraient-elles devenues des certitudes?

Le 24 février 1735, Mgr Dosquet prend la peine de rédiger un *Mandement pour remédier à certains abus* de membres du clergé:

> Le zèle et la vigilance pastorale exigent de Nous, Mes Très Chers Frères, non seulement que nous réprimions le mal, et les abus déjà introduits dans ce diocèse, mais encore que nous les prévenions en fermant les avenues par où ils pourraient s'y glisser. C'est pourquoi ayant appris avec douleur que quelques-uns d'entre vous se relâchent dans la discipline ecclésiastique, soit en se faisant servir par des femmes dans leurs presbytères […]. À ces causes, nous défendons à tous prêtres d'avoir dans leur maison des femmes à moins qu'elles ne soient leurs proches parentes et hors de tout soupçon.

UN CHARLATAN POURSUIVI

À la suite au décès de son conjoint, Marie Turgeon n'hésite pas à poursuivre le guérisseur Yves Phlem qui ne se gêne pas de pratiquer la médecine sans posséder les attestations requises.

Yves Phlem est natif de Morlaix (France) et, à Sainte-Famille de l'île d'Orléans, le 8 avril 1724, il épouse Marie Levreau. Le couple va vivre à Sainte-Anne-de-la-Pérade où Phlem exerce son métier de guérisseur de 1725 jusqu'à sa mort en 1749[52]. Sa biographe, Marie-Céline Blais, note qu'il se prétendait médecin sans jamais le prouver par des documents :

> Il est difficile toutefois de connaître ses activités comme chirurgien, surtout au début de sa carrière. Un grand nombre de documents [notariés] le désignent comme tel, mais peu nous renseignent sur ses patients et les soins qu'il leur procurait. Il est renommé surtout pour la guérison des chancres et fit, semble-t-il, des «cures considérables» en ce domaine. Les malades venaient d'assez loin pour se faire traiter par lui. Mais les soins de Phlem ne se révélaient pas toujours efficaces[53].

Tout coule et tout roule pendant dix années de pratique, jusqu'au jour où le drame se produit. Un cultivateur de l'île d'Orléans, Jean Bilodeau, «avait une lèpre de chancre très avancé qui lui avait déjà mangé la lèvre basse bien avant du côté gauche», précise-t-on dans la recherche des frères Ahern sur l'histoire de la médecine. Le chirurgien de Saint-Jean ne peut rien faire, ni même le médecin de l'Hôtel-Dieu de Québec. C'est alors que Bilodeau va consulter Phlem, à Sainte-Anne-de-la-Pérade, et, devant des témoins, on signe le contrat suivant :

Le chirurgien s'oblige de soigner ledit Bilodeau de son mieux jusqu'à la quantité de temps de six mois consécutifs à commencer le 16 septembre 1735, à moins que ledit malade ne soit guéri plus tôt. Le chirurgien, de plus, s'oblige à fournir pendant les six mois toute la nourriture nécessaire, aussi la boisson qu'il lui faudra tant pour la plaie que pour celle qu'il lui faudra boire et de plus blanchir ledit malade, de lui fournir tous autres soins convenables et nécessaires à sa maladie [...]. Ledit Bilodeau s'oblige lui et tous ses biens meubles et immeubles lui appartenant, de payer audit Phlem pour ses peines, soins et fournitures ci-dessus dans tout l'espace de six mois, la somme de cinq cents livres[54].

J'ignore si c'était chose courante à l'époque d'exiger autant de garanties, mais constatons que Phlem prend plus que les grands moyens pour se faire payer. Malheureusement, Phlem rate son coup et le patient décède le 10 mai suivant. Furieuse, Marie Turgeon, veuve de Bilodeau, intente une poursuite et le Conseil supérieur doit entendre cette cause dans laquelle elle conteste la validité, ou la voracité, du contrat. Le 15 mars 1739, le jugement est rendu: on annule le contrat, la veuve Turgeon doit cependant payer certains frais pour l'hébergement du patient, mais, surtout, le tribunal interdit à Phlem «de prendre à l'avenir la qualité de chirurgien et d'en faire les fonctions». On exige qu'il aille se faire reconnaître comme médecin auprès des autorités compétentes en la matière.

Non seulement le monsieur ne voit pas la chance qu'il a de s'en sortir à si bon compte, mais de plus il décide d'en appeler du jugement et, fait étonnant, il a l'appui de la population de son milieu. Le 13 avril 1737, Phlem perd sa cause et le Conseil supérieur blâme la population de sa région d'accepter une personne sans ses lettres de chirurgien. Le jugement «ne semble pas avoir impressionné outre mesure Yves Phlem qui ne fit aucune démarche pour obtenir des lettres patentes et continua de soigner les malades», précise madame Blais. Quoi dire de plus! Phlem n'est pas sourd: il ne veut tout simplement rien savoir.

SULLIVAN: MÉDECIN ET FIER-À-BRAS

Pas du tout reposant ce docteur Sullivan! Non seulement sa compétence professionnelle est mise en doute, mais il semble préférer passer plus de temps à rosser des gens qu'à soigner l'humanité. L'historien Ægidius Fauteux n'est certes pas tendre à son égard en écrivant ceci: «Peut-être était-ce une façon à lui de se préparer des clients à panser[55].» Et vlan docteur!

Thimothy Sullivan (appelé aussi Thimothée Sylvain) est natif d'Irlande et serait arrivé ici vers 1717. En janvier 1720, âgé de 24 ans, il épouse Marie-Renée Gaultier de Varennes et le couple va demeurer à Montréal, rue Saint-Paul[56]. Le 7 mars 1724, il obtient du roi le droit officiel d'être citoyen français et l'autorisation de pratiquer la médecine à Montréal.

Est-il bon médecin? Sa réputation ne fait pas l'unanimité. L'intendant Dupuy ne tarit pas d'éloges sur
son compte, mais le gouverneur Beauharnois, le 12
septembre 1727, écrit cette opinion sur Sullivan:

> Ceci [...] me donne l'occasion de vous faire
> part de mes idées sur le chapitre de ce méde-
> cin qui fait son métier d'une manière assez
> extraordinaire; il est tout à la fois médecin,
> chirurgien et apothicaire. À en juger par tout
> ce que j'ai vu et entendu dire à Montréal,
> c'est un homme qui donne des remèdes que
> personne ne connaît et que je crois que l'on
> peut regarder comme un empirique, ne fai-
> sant jamais aucune ordonnance. Je crois [...]
> qu'il serait à propos pour le bien du pays que
> ce médecin vint à Québec pour que M.
> Sarrazin [un médecin réputé à l'époque] le
> questionnât sur la connaissance des remèdes
> et la manière de les employer.

Quoi qu'il en soit, revenons plutôt au caractère
batailleur de ce docteur. Fauteux nous fait découvrir
un dangereux individu:

> Nous ignorons jusqu'à quel point Timothée
> Sylvain fut un plus mauvais médecin qu'un
> autre, mais ce que nous pouvons affirmer sans
> crainte, c'est qu'il devait être un voisin des
> plus malcommodes. Ancien capitaine de dra-
> gons ou ancien dragon tout court, il croyait

aux dragonnades. Colérique à l'excès, il avait toujours bâton levé ou l'épée dégainée et il frappait comme un sourd. [...]. Par suite de son tempérament violent et de son caractère emporté, il eut souvent maille à partir avec la justice et il fut maintes fois condamné à payer des dommages pour coups et blessures.

Examinons quatre cas rapportés par Fauteux. En 1724, Sylvain est poursuivi par le boulanger Antoine Poudret qui, dans sa déposition au tribunal, stipule que ce médecin «aurait attaqué son fils Antoine sur la rue Saint-Paul, l'aurait saisi à la gorge en le frappant à coups de plombeau d'épée et l'aurait laissé dans le plus sérieux état, même en danger de mort».

Encore de la violence en 1731 quand Sylvain, «ayant rencontré Charlebois fils qui s'en allait à la Pointe-Claire, le prévient rudement que si quelqu'un de sa famille va témoigner [à un procès qui le concerne peut-être] il le jettera hors de l'audience et, ce disant, le frappe à coups de canne. Pour avoir abusé [...] l'irritable médecin fut condamné à 75 livres de dommage».

Le 30 mai 1743, il est même question de prison dans un document du Conseil supérieur: «Appellation d'un jugement où le sieur Sylvain est déclaré et convaincu d'avoir excédé monsieur de Monrepos en poussant et allongeant sa canne contre lui et pour réparation de quoi ledit Sylvain a été condamné à tenir prison pendant deux ans.»

Rosser son épouse? Oui et Fauteux constate que le vulgaire personnage passe aux actes:

> Avec un époux d'un tel caractère, on peut se demander ce que fut la vie domestique de cette pauvre Marie-Renée Gauthier de Varennes. De sombres nuages durent assez fréquemment flotter au-dessus du foyer conjugal. Il arriva même un temps où les nuages crevèrent en tempête. Ce fut vers Noël de 1737. Madame Sylvain ayant été rouée de coups par son mari, son frère La Vérendrye et son neveu de Varennes vinrent l'enlever de force de sa maison et, après l'avoir placée en lieu sûr, l'engagèrent à intenter contre Sylvain une action en séparation de corps et de biens.

Une enquête est faite le 20 janvier 1738 et plusieurs témoins sont entendus. L'affaire n'ira pas plus loin cependant puisque la *madame* décide de retourner vivre avec son mari.

MAMAN FAIT ANNULER LE MARIAGE DE FISTON

En mai 1741, la veuve Hertel de Rouville subit tout un choc en apprenant que son fils mineur, René-Ovide, âgé de 20 ans, vient de se marier en cachette, sans son consentement, avec une femme âgée de 32 ans, Louise-Catherine André de Leigne. C'est effectivement étonnant que ce mariage, qui ne se fait pas selon les règles de l'époque, soit approuvé et orchestré par le père de la mariée, Pierre André de Leigne, qui fut l'un des plus importants responsables de la justice. Précisons qu'à l'époque l'âge de la majorité est établi à vingt-cinq ans.

Louise-Catherine naît à Le Havre (France) en 1709; son père arrive avec elle à Québec en 1718 pour occuper le poste de lieutenant général civil et criminel de la Prévôté de Québec. Son paternel n'aime pas voir sa chère fille fréquenter des officiers qui ne sont pas assez fortunés à son goût et décide de la retourner en France. En 1734, le papa obtient pour elle une place à bord d'un navire:

> La belle fut embarquée et, pendant la première nuit, alors que la *Renommée* était encore en rade à Québec, elle se déguisa en homme et réussit à s'enfuir, grâce à la complicité de deux de ses prétendants. Dès le lendemain, la frivole changea d'idée et elle revint à bord du navire. Son absence ne dura qu'une année; en 1735, elle était déjà de retour à Québec[57].

En mai 1741, les événements vont se bousculer rapidement quand Louise-Catherine, âgée de 32 ans, veut épouser un jeune officier de bonne famille âgé de 20 ans, René-Ovide Hertel de Rouville. Tout va se faire dans la journée du 20 mai 1741. Sans avertir la mère du marié, Pierre André de Leigne court chercher la dispense de la publication des bans. On se dépêche d'aller préparer et signer le contrat de mariage chez le notaire Boisseau. Le Père Valentin, un récollet, célèbre la cérémonie religieuse et, le soir même, les époux demeurent chez le juge André de Leigne.

Révoltée en apprenant la nouvelle, la veuve Hertel de Rouville va montrer de quel bois elle se chauffe et passe à l'attaque en portant plainte au Conseil supérieur dès le 29 mai suivant. Sa poursuite contient de graves accusations:

> Vu la requête présentée par ladite Dame Rouville le vingt-neuvième mai dernier, par laquelle elle conclut à ce qu'attendu le juste droit qu'elle a de revendiquer son fils qu'on lui a séduit et enlevé, et de s'opposer à la validité d'un prétendu mariage, par lui contracté avec ladite demoiselle André, contraire à toutes les lois du royaume [...] il plaise au Conseil de recevoir sa plainte, lui permettre toutes poursuites pour procéder à la dissolution d'un mariage clandestin [...] enlèvement de son enfant, et comme il s'agit ici particulièrement d'un fait de mineur séduit, suborné et enlevé du sein de sa mère.

Le Conseil supérieur va donc entendre toutes les parties impliquées et rendre son jugement le 12 juin 1741. En plus d'ordonner aux curés et aux notaires de respecter les règles établies relativement au mariage, le jugement «déclare ledit mariage non valablement contracté» et «fait défenses audit sieur de Rouville et à ladite demoiselle André de prendre la qualité de mari et de femme, et de se hanter [visiter] et fréquenter».

C'est bien connu, l'amour est bien plus fort que la police et nos amoureux vont finalement se marier le 12 octobre 1741, toutes les règles usuelles ayant cette fois-ci été suivies.

UN SORCIER PARMI NOUS

La carrière d'un magicien et sorcier va très mal se terminer quand il ose profaner un crucifix lors d'une séance où sont présents plusieurs témoins. Havard de Beaufort payera cher l'utilisation d'un objet sacré.

François-Charles Havard de Beaufort naît à Paris en 1715; ce militaire est de service dans la garnison de Montréal vers 1737[58]. On le surnomme «l'Avocat», car il est très fort en gueule, très instruit et il représente à l'occasion des personnes trop intimidées pour s'exprimer au tribunal dans certaines causes. Il pratique aussi la magie et la sorcellerie. Les lecteurs les plus curieux d'en savoir davantage auront beaucoup de plaisir à lire l'étude très détaillée de ce cas faite par l'ethnologue Robert-Lionel Séguin qui le qualifie de «plus célèbre cas de sorcellerie de toutes les annales de la Nouvelle-France[59]».

En juin 1742, Charles Robidoux, qui pratique le métier de cordonnier à Montréal, se fait voler une somme de 300 livres. Il ne réussit pas à retrouver son trésor et, le 28 juin, il fait appel à Havard de Beaufort, qui s'engage, en contrepartie de 20 livres, à faire apparaître le visage du coupable dans un miroir. Beaufort se rend donc chez Robidoux pour exécuter une démonstration de magie et, ayant entendu parler de l'événement, de nombreuses personnes décident d'y assister. Voici les faits présentés par Séguin:

> Beaufort s'applique à créer une atmosphère de mystère qui impressionne les assistants. Le soldat s'installe d'abord devant une table sur laquelle se trouvent une serviette, un petit flacon, des cartes, deux chandeliers, une bougie, des miroirs et trois paquets de poudre blanche, jaune et noire. Entouré de cet attirail, il entreprend alors la fabrication d'un philtre qu'il désigne sous l'appellation «d'huile d'aspic» [...] le magicien allume ensuite les bougies fixées aux deux chandeliers, placés chaque côté du miroir. À ce moment, il tient à la main un volumineux volume, dont la reliure de veau est déchirée aux quatre coins, et qui s'intitule *Verba Jesu Christi, ex Evangeliis Matth, Marc, Luc, Joan.* Beaufort marmotte quelques versets en latin avant de réclamer un crucifix [...]. Saisissant le crucifix que lui tend Lanoue, il le place sur le miroir, après avoir répandu l'huile d'aspic aux quatre extrémités de la croix. Même qu'il se sert d'une lame de couteau pour mieux étendre le liquide magique. Pendant l'opération, il souffle et rallume les bougies, de sorte que l'ombre épaisse de la salle ajoute à la

frayeur des assistants. Le militaire fait ensuite sécher les bouts de la croix à la flamme vacillante des chandelles […]. Ce cérémonial dure plus d'une heure sans qu'on parvienne à identifier l'auteur du vol.

Les autorités civiles sont prévenues de tout ce cirque et le lendemain, soit le 29 juin 1742, on fait arrêter et mettre en prison ce sorcier qu'on accuse «d'avoir fait le devin et des pronostications défendues par les ordonnances de notre roi et d'avoir profané dans ses opérations un crucifix». L'enquête va se dérouler du 2 juillet au 30 août 1742 et douze témoins vont aider à reconstituer les faits de ce crime. Le 30 août, le Conseil supérieur rend son jugement. Beaufort doit se rendre devant la porte de l'église, portant sur lui un écriteau «profanateur de choses saintes» et demander pardon à Dieu et au roi. Le 17 septembre, ayant revisé son cas, le Conseil supérieur, en plus de le condamner aux galères du roi pendant trois ans, prévoit qu'il sera «battu et fustigé de verges par les carrefours et lieux accoutumés de la haute et basse-ville de Montréal».

Beaufort est donc retourné en France en 1742 et le crucifix profané est confié aux religieuses de l'Hôtel-Dieu de Québec par Mgr de Pontbriand en mars 1744.

MICHEL HOUDIN: DE LA PRÊTRISE À LA TRAÎTRISE

Singulier et inquiétant, ce Michel Houdin. Qu'il délaisse Montréal et la religion catholique pour fuir aux

États-Unis au bras d'une belle dame, c'est sa vie après tout. Mais qu'il accompagne Wolfe pour conquérir la Nouvelle-France et qu'il reste ici pour promouvoir la culture du conquérant, cela laisse complètement pantois.

Jean-Michel Houdin naît en France en janvier 1706; il devient prêtre récollet et est connu sous le nom de Père Potentien[60]. Arrivé à Québec en 1734, il est curé à Trois-Rivières puis s'installe à Montréal en 1744 pour finalement et radicalement changer sa vie:

> Cette même année, il jette le froc aux orties et s'enfuit dans les colonies anglaises avec une dame Catherine Thuvé-Dufresne, veuve de François Demers-Montfort. Le 29 juin 1744, le gouverneur de New York fait savoir à son Conseil qu'un nommé Michel Houdin et une dame que l'on dit son épouse venaient d'arriver en ville, partis du Canada d'où ils avaient fui et qu'à leur arrivée on les a confinés à leur logis et qu'on a préposé deux sentinelles pour veiller sur eux; après enquête, Michel Houdin et sa compagne reçoivent l'ordre d'aller vivre à Jamaica, dans le Long-Island. En 1747, il devient membre de l'Église anglicane, et, deux ans après, on l'accepte comme ministre; en 1753, il est missionnaire dans le New Jersey[61].

Inutile de dire que la vie amoureuse de ce prêtre fait jaser et choque les bonnes âmes catholiques. Dans ses écrits personnels, publiés dans le Rapport de l'Archiviste de la Province de Québec, madame Bégon est outrée des accusations portées par Houdin envers ses ex-collègues prêtres et les couteaux volent bas. Elle a appris que Houdin a écrit au supérieur des Récollets pour lui dire qu'il «le plaint fort d'être obligé de vivre avec une troupe de libertins qui sont capables de toutes sortes de crimes; que Valérien [un prêtre] est un scélérat et qu'il sait qu'il a volé à la communauté de Montréal 500 ou 600 livres pour donner à des gueuses dans leur faubourg avec lesquelles il se divertissait et qu'il cache sous cet extérieur simple tous les vices; que le père Augustin est un fripon qui vole partout pour donner à sa famille». Ce qui insulte surtout madame Bégon c'est que Houdin oublie de se critiquer lui-même: «Ce qu'il y a de beau, c'est qu'il ne parle point de ses amis de débauche.»

Laissons de côté les histoires sexuelles des uns et des autres pour plutôt s'attarder à la nouvelle carrière religieuse de ce Houdin. En 1757, il devient l'aumônier anglican du 48e Régiment que commande le général Wolfe lors de la conquête de Québec en 1749. Pour répondre à votre question: oui, Houdin accompagne Wolfe. Sachant très bien qu'en situation de guerre tout ce que vous pouvez savoir sur l'ennemi compte autant que la puissance de vos armes, on comprend facilement que le chercheur Michel Paquin soulève des interrogations troublantes et percutantes sur ce personnage:

> Il participe ainsi à la prise de Québec et à la bataille de Sainte-Foy qui conduiront les

armées britanniques à la conquête de la Nouvelle-France […]. Houdin a-t-il eu quelque responsabilité dans la prise de Québec? Sans doute que le général James Wolfe aurait pu utiliser ses connaissances des lieux puisque l'ancien récollet avait vécu dans cette ville quelques années auparavant. A-t-il vraiment indiqué le chemin du Foulon ou ne fut-il qu'un interprète? Quoi qu'il en soit, Houdin réclama plus tard, après la mort de Wolfe, la récompense promise par le général pour ses services et son travail.

Continuons son histoire. Les gens convaincus sont admirables. Toutefois, de la conviction au fanatisme, il n'y a qu'un pas. Du fanatisme à la monstruosité, un second pas. Houdin va donc rester ici pour contribuer à la promotion de la culture du conquérant et, de commenter l'historien Trudel: «C'était la première fois qu'un prêtre et religieux apostat osait reparaître parmi les siens.» Houdin va exercer ici son ministère jusqu'en 1761 pour ensuite aller vivre dans l'État de New York où il meurt vers 1766. Que Dieu ait son âme!

LE TRIO INFERNAL

Pierre Révol, Marie-Charlotte Roy et Alexandre Dumas forment ce trio infernal, et chaque personnage, à sa manière, va finalement causer son propre malheur, et celui des autres par la même occasion. Commençons par Révol.

Né en France vers 1714, Pierre Révol est le fils d'un avocat de Grenoble, Jacques Révol. Sa venue en Nouvelle-France est la conséquence d'un bannissement de la France plutôt qu'un choix libre et personnel, car Révol est un faux-saunier envoyé à Québec en 1739[62]. Ayant amorcé ici une carrière militaire, il va par la suite choisir le monde des affaires. À Beaumont, le 17 février 1744, il épouse Marie-Charlotte Roy, la fille du seigneur Joseph Roy.

Qu'est-ce qu'un faux-saunier? L'historien Gérard Malchelosse, qui a étudié ce sujet, précise que «le nom de faux-saunier était donné, avant la révolution de 1789, à ceux qui fabriquaient illégalement du sel ou qui transportaient en contrebande, de province en province, en France, et vendaient en fraude le sel obtenu[63]». Durant plusieurs siècles en France, la production et le commerce de cette précieuse marchandise font l'objet d'un monopole sous contrôle de l'État qui en retire une taxe appelée *la gabelle*. Vers 1660, par exemple, le quart des revenus de Louis XIV provient de la *gabelle*. Les contrevenants sont sévèrement punis et souvent on les déporte dans les colonies. Malchelosse a découvert qu'entre 1730 et 1743, un nombre de 600 faux-sauniers sont venus ici, dont Pierre Révol.

Même s'il est victime finalement d'un système révoltant pour l'ensemble de la population de l'époque, Révol est loin d'être un ange, constate Michel Paquin: «De 1744 à 1756, le Conseil supérieur le condamna plus de six fois pour fol appel et quelque huit fois pour n'avoir point comparu. En 1752, Révol fut même accusé de vendre du pain dont le poids était inférieur à celui annoncé.» En clair, puisqu'un chat est un chat, un bandit est un bandit.

Il fait des affaires avec son beau-père et malheureusement c'est souvent le tribunal qui doit régler leurs chicanes. L'historien Pierre-Georges Roy a constaté que Révol, de connivence avec ses beaux-frères, a même le front de poursuivre son beau-père pour s'accaparer une part de l'héritage suite au décès de sa belle-mère:

> La mort de Marie-Jeanne Couture, épouse du seigneur Roy, arrivée le 24 avril 1745, amena la rupture complète entre les deux hommes [...]. Joseph Roy et Marie-Jeanne Couture avaient été mariés sous le régime de la communauté de biens. À la mort de madame Roy, ses quatre enfants devenaient donc héritiers chacun pour un quart dans sa succession [...]. Ses gendres Révol et Lecours, pressés d'hériter, auraient voulu qu'il règle tout de suite la succession de la défunte [...]. L'affaire portée au Conseil supérieur en 1747 traîna d'année en année jusqu'à la mort du vieux seigneur Roy. Au décès de celui-ci, en 1756, la succession de sa première femme, décédée onze ans plus tôt, n'était pas encore réglée.

Il est défendu aux faux-sauniers de quitter le territoire de la colonie. C'était prévisible, Révol, en 1748, charge des marchandises sur un bateau qu'il possède, le *Comte de Saxe,* pour aller les vendre lui-même dans les Antilles. Apprenant la nouvelle, le gouverneur La Galissonière raconte dans une lettre, destinée aux autorités françaises et datée du 16 novembre 1748, comment Révol réussit à se sauver alors que son bateau est déjà rendu à la hauteur de l'Île-aux-Coudres: «J'avais envoyé après lui un détachement de soldats commandé par un sergent. Ce détachement a joint le navire à l'Île-aux-Coudres [...] mais quand il a approché du vaisseau, Révol a pris, dit-on, lui-même le porte-voix et a crié à la chaloupe de ne pas avancer, sinon qu'on allait les couler bas, en même temps, il s'est présenté des gens armés de fusils sur le pont, ce qui a obligé le sergent de se retirer.»

En 1749, cependant, il est arrêté à la Martinique et ramené à Québec. Le 1er avril 1756, Révol signe un bail de dix ans, avec l'ex-intendant Hocquart, pour des exploitations de pêche le long des côtes du Labrador; le prix de location est très élevé et l'exploitation exige beaucoup de capitaux. Six mois plus tard, Révol est au bord de la faillite. Jean Dumas Saint-Martin et Alexandre Dumas, de vieux amis, lui avancent de l'argent mais en vain, Révol perd tout.

En 1757, le gouverneur Vaudreuil lui donne un travail à Gaspé. On croit que les Anglais ont l'intention d'envahir la Nouvelle-France, alors Révol a la tâche de signaler la présence de tout navire ennemi. À l'automne 1757, il est de retour à Québec où était restée sa famille. Un malheur n'arrivant jamais seul, il apprend que sa femme et Alexandre Dumas ont une liaison secrète, comme le raconte Roy:

> L'ancienne loi française punissait très sévèrement l'adultère. La femme coupable était fouettée sur la place publique. Mais la loi faisait une distinction entre la femme roturière et la femme noble. Celle-ci, si elle était déclarée coupable par un tribunal compétent, était enfermée dans un couvent pour le reste de ses jours. Elle pouvait cependant en sortir, si le mari offensé pardonnait et consentait à reprendre la coupable chez lui. Madame Révol, ne pouvant invoquer le privilège de la noblesse, pouvait donc être condamnée à la fustigation publique. Quant à Dumas, encore célibataire, il pouvait être condamné à une forte amende et à la prison pour plusieurs années.

Le sort des deux est entre les mains de Révol. En premier lieu, il dépose une plainte au tribunal, mais se ravise pour plutôt convenir d'une entente signée par les parties chez le notaire Jean-Claude Louet, le 11 janvier 1758. Pierre-Georges Roy présente la conclusion de cette affaire:

> Madame Révol devait se retirer dans un couvent choisi par elle d'où elle ne pourrait sortir sans sa permission. Elle ne pourrait rien prétendre contre son mari. Sa dot et ses autres avantages devaient passer à ses enfants

et elle renoncerait à devenir leur tutrice [...].
Dumas, lui, devait s'engager à disparaître de
Québec jusqu'au départ de Révol pour Gaspé
puis, au plus tard à l'automne de 1758, s'embarquer pour la France et ne jamais revenir
dans la colonie. De plus, Dumas devait s'engager à payer, chaque année, à la mère dépo-
sitaire du couvent où la femme Révol se
retirerait une pension de quatre cents livres
en sa faveur. Cette pension devant être payée
jusqu'à la mort de madame Révol [...]. Tous
les biens de Dumas resteraient hypothéqués à
cet effet et il devait en donner suffisante caution dans les huit jours.

Pierre Révol retourne ensuite à Gaspé où il décède
en février 1759 et, le 10 mars, on fait un conseil de
famille afin de trouver un tuteur pour les trois enfants.
Selon Michel Paquin, «le nom de madame Révol ne
fut pas mentionné dans le procès-verbal de cette
assemblée».

LES MAGOUILLES DE L'INTENDANT BIGOT

Le tout dernier intendant de la Nouvelle-France,
François Bigot, va effectivement passer à l'histoire,
mais avec la réputation d'avoir été l'un des pires
magouilleurs. À la suite d'un retentissant procès tenu à
Paris, à propos de la célèbre *Affaire du Canada,* il sera
finalement banni de la France et dépossédé de tous ses
biens[64].

Né à Bordeaux en 1703, Bigot rêve de faire une carrière en administration pour le ministère de la Marine de France. En 1728, il est commissaire à Rochefort et, en 1739, il accepte un poste similaire à Louisbourg (Canada). De retour en France en 1745, on le choisit pour occuper la fonction d'intendant de la Nouvelle-France et il arrive à Québec le 26 août 1748. Peu après la capitulation de Montréal, Bigot revient en France le 21 septembre 1760. Pour Bigot, devoir aller servir dans les colonies n'est pas un idéal recherché mais plutôt un sacrifice nécessaire, un tremplin pouvant l'aider à obtenir de futures promotions en France. Le ministre de la Marine, Maurepas, lui avait précisé qu'«on ne pouvait espérer aucune intendance dans les ports de France qu'on n'eût servi dans les colonies» et, pendant son service à Québec, il continue régulièrement de postuler des emplois en France.

L'intendant Bigot ne se fera pas beaucoup d'amis chez la plupart des historiens qui le présentent comme un monstrueux individu et un profiteur de la pire espèce. Déjà en 1728, alors qu'il travaille à Rochefort, ses patrons reprochent à Bigot son amour du jeu. Dans un document daté de 1770 et intitulé *Mémoire du Canada,* l'auteur signale ceci:

> Il eut des talents, il est vrai, mais il les corrompit par le vice le plus horrible pour un homme de son rang; sa voracité, son avidité pour les richesses l'ont déshonoré à jamais, de même que son aveuglement pour la dame Péan [sa maîtresse et épouse de son associé],

pour laquelle il a eu des déférences, et ceux
qu'elle protégeait, qui lui ont fait commettre
les plus grandes injustices.

Pour Joseph Marmette, Bigot est un «sinistre personnage qui, par ses rapines éhontées, va creuser avec
acharnement le gouffre où la Nouvelle-France s'effon-
drera onze ans plus tard [...]. Cet être, aux instincts les
plus vifs, semble avoir inculqué tous ses vices à ses
subordonnés». Thomas Chapais le décrit comme un
homme «avide de plaisirs, joueur et dissolu, fastueux
dans ses goûts et poussant l'amour du luxe jusqu'au
plus incroyable excès, il lui fallait faire vite beaucoup
d'argent pour goûter et épuiser toutes les jouissances
de la vie». Pour Émile Lauvrière, Bigot est un être
«actif et intelligent, mais joueur et dissolu, il pervertit
par son exemple et ses conseils toute l'administration
de la colonie et par ses exactions et ses malversations
ruina le pays en une période de détresse financière».
Selon Bosher et Dubé, le régime mis en place par cet
intendant ressemble à ceci:

> Le système de corruption de Bigot était pure-
> ment inhérent à une cour vice-royale, comme
> celle qu'il établit à Québec, modelée essen-
> tiellement sur la cour royale de Versailles: vie
> sociale somptueuse, avec ses joyeuses récep-
> tions, ses bals et ses fastueux dîners au milieu
> d'une population affreusement pauvre; maî-
> tresses, habituellement les femmes d'ambi-
> tieux officiers [Michel-Jean-Hughes Péan,
> aide-major de Québec, par exemple] contents

des faveurs continuelles qu'ils obtenaient en retour et flattés de se retrouver en si distinguée compagnie: promotions, emplois, contrats et occasions de faire des affaires à l'intérieur de ces cercles joyeux.

L'enquête sur toutes les intrigues de Bigot fut certainement très complexe. Il dut être difficile d'arriver à reconstituer tous les faits, mais ces magouilles se résument à un principe fort simple et utilisé par les fraudeurs depuis la nuit des temps: comme administrateur public, vous attribuez les contrats d'achats de biens pour l'État à des compagnies dans lesquelles vous possédez secrètement des actions, sous un prête-nom, et, bien sûr, vous vous assurez que les prix payés soient plus élevés que les coûts normaux du marché. Dans leur étude du cas de Bigot, Bosher et Dubé donnent des exemples de magouilles:

> Dans la colonie même, Bigot, en qualité d'intendant, accorda en 1749 la ferme [location] du poste de traite de Tadoussac à Marie-Anne Barbel, veuve de Louis Fornel, plutôt qu'à François-Étienne Cugnet, ancien détenteur de ce bail; Bigot se réserva ainsi une participation personnelle aux profits. Il laissa aussi les deux importantes concessions de La Baie et de la Mer de l'Ouest […] aux mains d'amis tels que Péan et Jacques LeGardeur. En 1752, et au cours des années suivantes, Bigot forma une compagnie secrète pour l'achat

des fourrures [...]. Il détenait 50% des actions de cette compagnie.

Varin accusa plus tard Bigot de détenir une part de 25% dans une compagnie importatrice de biens, dont lui-même et Jacques-Joseph Lemoine Despins faisaient partie: ces biens étaient achetés à Montréal, au nom de la couronne, à des prix de détails gonflés, alors qu'ils auraient dû être achetés à des prix de gros à Québec [...]. En 1756, Bigot, Péan et Varin formèrent une compagnie pour acheter une boutique, à Québec, des marchands-importateurs Lamaletie et Estèbe. L'agent des trésoriers généraux de la Marine, Jacques Imbert, fut engagé pour modifier les livres, de façon que les profits élevés parussent moins grands. Bigot, presque certainement, possédait aussi des intérêts dans la compagnie formée sous le nom de Cadet et connue comme la Grande Société, qui fournit les vivres à l'armée, aux garnisons et au gouvernement en général.

Alors que Bigot réside à Paris, un mandat d'arrêt est émis contre lui le 13 novembre 1761 et on l'emprisonne à la Bastille. On institue une commission d'enquête, la Commission du Châtelet, pour faire la lumière dans cette cause appelée l'*Affaire du Canada*. Le jugement est finalement rendu le 10 décembre 1763:

Les accusations de fraudes portées contre Bigot n'étaient pas fondées uniquement sur les contrefaçons ou sur un emploi abusif et clandestin de fonds publics: il s'agissait plutôt, et sur une grande échelle, d'un système d'entreprises privées qui fonctionnait avec la collaboration d'autres administrateurs coloniaux et d'un bon nombre d'officiers et marchands.

En plus d'être banni de la France pour le reste de ses jours, on saisit tous les biens de Bigot, dont un somptueux domaine près de Versailles. Ce monsieur doit remettre au Trésor de la France 1 500 000 livres. Réfugié à Neuchâtel, en Suisse, il y meurt le 12 janvier 1778. Le tribunal n'épargne pas non plus les complices de Bigot: Jacques-Michel Bréard, Guillaume Estèbe, Jean-Victor Varin, Jean-Baptiste Martel, Joseph Cadet, François Maurin, Louis-André-Antoine-Joachim Pennisseault, Jean Corpron et Pierre-Jacques Payen de Noyan.

LA CORRIVEAU

Cette femme est devenue célèbre dans l'histoire du Québec et son nom est associé à la légende de la terrifiante sorcière de Beaumont qui tuait ses maris. Son histoire a d'ailleurs inspiré plusieurs écrivains, dont Philippe-Aubert de Gaspé qui lui consacre un chapitre dans son œuvre *Les anciens Canadiens*. Selon la légende, la Corriveau surprend des voyageurs pour les menacer de les étrangler et utiliser leur âme pour se rendre à l'île d'Orléans fêter avec ses amis sorciers. Voici un extrait de cette œuvre:

> Tout à coup, au moment où il s'y attendait le moins, il sent deux grandes mains sèches, comme des griffes d'ours, qui lui serrent les épaules: il se retourne tout effarouché, et se trouve face à face avec la Corriveau, qui se grapignait amont lui. Elle avait passé les mains à travers les barreaux de sa cage de fer, et s'efforçait de lui grimper sur le dos; mais la cage était pesante, et, à chaque élan qu'elle prenait, elle retombait à terre avec un bruit rauque, sans lâcher pour autant les épaules de mon pauvre défunt père, qui pliait sous le fardeau[65].

Voilà pour la légende. Mais dans la vraie vie, Corriveau est une criminelle condamnée pour meurtre. Marie-Josephte Corriveau naît à Saint-Vallier en mai 1733; elle est la fille de Joseph Corriveau et de Marie-Françoise Bolduc. Le 17 novembre 1749, elle épouse Charles Bouchard qui décède le 27 avril 1760. Elle se marie une seconde fois avec Louis Dodier le 20 juillet 1761. L'étude la plus complète sur ce personnage a été faite par l'ethnologue Luc Lacourcière et voici le résumé de cette affaire[66].

La légende évoque le meurtre de 7 maris, mais la réalité est tout autre: en avril 1763, Corriveau est condamnée pour le meurtre de son second mari, Louis Dodier. Le drame débute le matin du 27 janvier quand on découvre, dans l'étable, le corps de Dodier baignant dans son sang. Vers dix heures du matin, un capitaine de milice agit comme coroner et rédige le rapport du décès:

> En l'année 1763, le 27 janvier à 7 heures du matin, je fus appelé à examiner le corps de Louis Dodier, qui a été tué dans son étable par son cheval, et j'étais alors accompagné de Charles Denis, Joseph La Plante, Paul Gourges, Jean D'Allaire, Michel Clavet [...] qui tous ont déclaré qu'ils avaient vu et examiné le corps dudit Louis Dodier, encore sous les pieds de ses chevaux, et qu'il avait reçu plusieurs coups à la tête.

On va rapidement clore ce dossier le jour même. On demande à un cultivateur, Jacques Le Clerc, de fabriquer le cercueil. Le même soir, Dodier est enterré et le curé de Saint-Vallier, Thomas Blondeau, a rédigé l'acte de sépulture: «Le vingt-sept de janvier a été inhumé dans le cimetière de cette paroisse, par nous, prêtre curé de Saint-Vallier, Louis Dodier âgé d'environ vingt-huit ans, n'ayant pu se confesser ni recevoir les sacrements par la triste mort subite qui l'a conduit à l'autre monde.»

Mais, car il y a un *mais,* cette sépulture à la hâte n'enterre pas l'affaire, car des gens connaissant bien les Corriveau ont des doutes. Une dame Isabelle Sylvain aurait entendu des bruits étranges et des témoins parlent des relations tendues entre Louis Dodier et son beau-père, Joseph Corriveau. Bref, pour en avoir le cœur net, le gouverneur Murray ordonne l'exhumation du corps pour l'examiner attentivement. Le docteur George Fraser produit son rapport le 14 février 1763: le décès a été causé par deux coups portés à la tête et la thèse des sabots des chevaux est impossible.

Il y a donc un procès qui se tient dans une salle du couvent des Ursulines de Québec, du 29 mars au 9 avril 1763. Présidé par Roger Morris (la colonie est anglaise depuis 1759), le tribunal entend l'accusation contre Joseph Corriveau qui aurait tué son gendre, aidé par sa fille Marie-Josephte. Même si le tribunal reconnaît l'absence de témoins ayant vu le meurtre, l'ensemble des témoignages sont estimés suffisants pour prononcer la culpabilité des accusés.

Le 10 avril, le lendemain du prononcé de la sentence, coup de théâtre: Joseph Corriveau passe aux aveux – il avait choisi de ne pas témoigner au procès: c'est sa fille qui a tué son mari alors qu'il dormait et il n'a fait qu'aider sa fille à transporter le corps dans l'étable.

Nouveau procès le 15 avril et l'affaire se règle la journée même. La meurtrière signe la déclaration suivante:

> Marie-Josephte Corriveau, veuve Dodier, déclare qu'elle a assassiné son mari Louis Dodier pendant la nuit alors qu'il dormait

dans son lit; qu'elle l'a fait avec une petite hache qu'elle n'a été incitée ni aidée par aucune autre personne à le faire; que personne n'était au courant. Elle est consciente de mériter la mort. Elle demande seulement à la Cour de lui accorder un peu de temps pour se confesser et faire sa paix avec le ciel. Elle ajoute que c'est vraiment dû en grande partie aux mauvais traitements de son mari si elle est coupable de ce crime.

Corriveau est donc exécutée vers le 18 avril 1763 près des plaines d'Abraham à Québec. Son corps est mis à l'intérieur d'une cage de fer qu'on suspend durant une quarantaine de jours à la Pointe-Lévis, à la croisée de la route de Lauzon et de Bienville.

LE DIPLÔME DU DOCTEUR SERRES

En octobre 1786, Alexandre Serres, assisté d'un autre médecin, fait un accouchement qui tourne très mal. Sa compétence sera mise en doute par ses pairs et des lettres anonymes publiées dans un journal visent à détruire sa réputation. Bref, on lave du linge sale non pas en famille mais plutôt sur la place publique.

Alexandre Serres est natif de France vers 1732 et il arrive ici en août 1779. Ce médecin connaîtra une vie très mouvementée: il change souvent de lieu de résidence et se marie trois fois. Arrivé à Québec, il va vivre à Trois-Rivières, puis à Saint-Sulpice, puis à Montréal, puis à Saint-Laurent pour finir ses jours à Montréal. Ses épouses seront successivement Marie Galliay, Madeleine Lefebvre et Thérèse Migneron[67].

La carrière du docteur Serres se déroule normalement jusqu'au jour du 6 octobre 1786 où il s'occupe, aidé de son confrère George Selby, de l'accouchement de Marie-Anne Mackay, épouse de Charles-Roch Quinson de Saint-Ours. Quelques jours après, c'est le drame, car la mère et l'enfant décèdent. Dès le 11 octobre suivant, un groupe de médecins adresse un blâme sévère à son endroit. Il ne semble pas que cette affaire va être vite oubliée, car l'opinion publique s'en mêle. Le 19 octobre 1786, Serres va même jusqu'à publier un message dans la *Gazette de Montréal* pour défendre sa réputation, et son annonce est intitulée *Instruction aux calomniateurs*:

> Le 6 du courant, dame de Quinson de Saint-Ours fut accouchée par Dr Silby et Dr Serres; ce dernier après l'avoir délivrée recommanda un régime et ajouta de ne lui rien donner que ce qu'il prescrirait, en présence de plusieurs personnes, ce qui fut suivi, je pense, jusqu'au dimanche 8 [octobre]. Vers les 4 ou 5 heures du soir, Serres entrant dans le premier appartement, aperçut près d'une fenêtre une seringue qui venait d'être employée à donner un lavement, ignorant de quelle ordonnance il pouvait avoir été servi, il en témoigna sa surprise à plusieurs personnes destinées à servir la malade, et à M. de Saint-Ours: fit sentir ce qui

pourrait en résulter et dès ce moment il crut qu'il n'était plus utile et n'a plus vu la malade; mais ayant appris qu'une assemblée de chirurgiens, tenue le 11, avait tenu des propos aussi injustes qu'indiscrets, c'est ce qui l'oblige à insérer cette «Instruction» dans la *Gazette,* afin que qui que ce soit n'ignore de la droiture avec laquelle il s'est conduit: ajoutant qu'il vaudrait mieux s'attacher à agir juridiquement et par preuves que par tout autre moyen illicite; offrant, ledit Serres, toutes les preuves nécessaires pour convaincre ses ennemis.

Le 13 novembre suivant, un mandat est émis contre lui et il devra expliquer son cas au tribunal, car on l'accuse formellement d'avoir causé la mort de Marie-Anne Mackay et de son enfant, une conséquence de son ignorance et de sa négligence. Comme l'indique Renald Lessard dans sa recherche, l'affaire n'a pas de suite et Serres continue sa carrière.

Serres est-il un frondeur sans limite ou blanc comme neige? Toujours est-il que le 26 septembre 1787, dans la *Gazette de Montréal,* soit un an après le drame auquel il est associé, il publie une annonce pour donner un cours, et je vous le donne en mille, destiné aux médecins et portant sur l'art de l'accouchement:

Alexandre Serres, Maître en chirurgie, reçu à Paris, donne avis qu'il se propose d'ouvrir un cours d'accouchements, en faveur des chirurgiens de la ville de Montréal et de la campagne, ainsi que pour et en faveur des sages-femmes qui ne seront pas instruites par principes, dans cet art si délicat qui demande autant de théorie que de pratique. Ceux ou celles qui se présenteront seront dûment munis d'un certificat de leur curé, qui prouvera leur bonne conduite et mœurs: l'enregistrement se fera chez le soussigné, rue Saint-Paul [...] d'ici au 26 novembre prochain, jour auquel il ouvrira ledit cours d'accouchement, suivant tous les principes anatomiques. Ces leçons commenceront depuis 2 heures après-midi jusqu'à 3 heures, deux fois la semaine, savoir le lundi et le jeudi. Messieurs les chirurgiens qui n'ont pas une entière connaissance de la pratique de cet art, et qui sont journellement requis des nouvelles sages-femmes de donner des conseils suivant l'état des malades [surtout ceux de la campagne], trouveront en le soussigné un vrai confrère et un bon patriote.

Le temps passe et passe, mais l'opinion publique, par la voix de détracteurs anonymes, a la mémoire plus vive que jamais et on utilise les journaux pour attaquer Serres d'une façon qui serait impensable de nos jours. Dans la *Gazette de Montréal* du 5 avril 1792, on accuse publiquement Serres de ne pas avoir encore respecté une ordonnance gouvernementale du 30 avril 1788; les auteurs anonymes croient que ce médecin n'a jamais fait la preuve de sa compétence et que, surtout, il aurait dû passer l'examen requis par ladite ordonnance pour enfin obtenir la licence requise pour pratiquer la médecine, ce qu'il n'a pas encore fait. Le 18 avril 1792, Serres riposte à son tour en publiant une annonce dans laquelle il rappelle qu'il est stipulé dans la loi qu'elle ne s'applique pas à ceux qui ont été «nommés chirurgiens dans l'armée ou la marine de Sa Majesté» et il conclut en leur disant de «s'adresser aux Écoles royales de chirurgie de Paris où sont enregistrés tous ces certificats d'études en l'art de la chirurgie ainsi que mes lettres de maîtrise».

Ses ennemis ne lâchent pas prise et, dans l'édition du 26 avril, trois messages l'incitant à se conformer à la loi de 1788 sont publiés sous trois signatures: un message signé par «YOUC-LÀ», un second par «Les deux anonymes» et un troisième, davantage vicieux, par «Un créancier». Les anonymes vont-ils gagner cette bataille? Renald Lessard apporte la réponse: «Ce n'est qu'en 1802 qu'il sollicite, pour se conformer à la loi médicale de 1788, une licence de chirurgien et d'accoucheur, qui lui sera vraisemblablement refusée.» Il décède à Montréal en 1812.

LE CURÉ DE MONTRÉAL CONDAMNE LE THÉÂTRE

Les damnés artistes! Les comédiens et les auteurs de théâtre par qui le scandale arrive! Le dimanche 22 novembre 1789, le curé de Montréal, François-Xavier Latour-Dézery, fait trembler les colonnes du temple en prononçant un percutant sermon contre un spectacle qu'on présentera bientôt et menace de refuser l'absolution à toute personne qui y sera présente[68]. La troupe de Joseph Quesnel vient juste d'être fondée et déjà les foudres de Dieu tonnent à plein ciel.

Né à Saint-Malo (France) le 15 novembre 1746, Joseph Quesnel est un homme d'affaires qui s'intéresse particulièrement aux arts: il écrit du théâtre, de la poésie et compose de la musique. Avant son arrivée ici, cet homme a beaucoup voyagé: en Inde, à Madagascar, dans les Antilles et au Brésil. Peu de temps après son débarquement à Montréal, il épouse Marie-Josephte Deslandes, le 10 avril 1780; cette dame est, elle aussi, native de Saint-Malo[69].

Comme le souligne Baudoin Burger dans son livre sur l'histoire du théâtre au Québec, la volonté d'organiser des spectacles et de présenter du théâtre est bien présente dès les débuts de la colonie et elle se maintient par la suite; mais le clergé veille et surveille la moralité:

> La première longue querelle au sujet de la moralité du théâtre, qui n'est pas sans rappeler par bien des aspects celle de la représentation de *Tartufe* un siècle plus tôt, est débattue à Montréal en 1789-1790. Auparavant, les premières représentations francophones montréalaises furent données en 1774 et en 1780 par des amateurs britanniques: les autorités catholiques ne pouvaient

guère s'y opposer. Nous avons vu aussi qu'en 1781 la première troupe d'amateurs canadiens de cette ville dut jouer les personnages féminins en travesti pour ne pas s'attirer les censures du clergé. Cela n'empêcha évidemment pas plusieurs troupes anglophones de s'établir quelque temps dans la ville. Mais avec la troupe de Quesnel en 1789, le problème de la moralité du théâtre va être discuté publiquement: pendant trois mois, il occupera plusieurs colonnes de la *Gazette de Montréal* [...] quand le Théâtre de Société ouvre sa saison le 24 novembre 1789 avec des comédies pourtant peu suspectes de Regnard et de Florian, le clergé ne tarde pas à réagir.

C'est donc le 11 novembre 1789 que Quesnel fonde son théâtre avec des associés respectés et respectables de l'époque: le notaire Jean-Guillaume de Lisle, l'avocat Pierre-Amable de Bonne, Joseph-François Perreault, François Rolland, Jacques-Clément Hersé et le peintre Louis Dulongpré. Dans sa recherche sur Quesnel, l'auteur David Hayne précise que le contrat des associés fournit beaucoup de détails sur ce qu'est un théâtre à l'époque:

> Ledit sieur Dulongpré fournira au Théâtre de Société, qui sera érigé dans sa maison, trois décorations complètes, peintes sur toile, à l'exception des coulisses d'une décoration qui quoiqu'en papier représentant des arbres seront comprises dans les trois ci-mention-

nées, fournira le luminaire tant chandelles que lampions nécessaires pour l'usage dudit théâtre; les trois décorations susmentionnées représenteront une chambre, un bois et une rue, avec le grand rideau; fera élever le théâtre et fournira le bois nécessaire pour sa construction, ainsi que pour l'orchestre, l'amphithéâtre et autres bois nécessaires pour placer les spectateurs, paiera la musique, le perruquier, les billets, frais de gazetiers, la garde et valets de théâtre. Que ledit sieur Dulongpré fournira sa salle pour quatre représentations et plus.

Ce qui transforme le curé Latour-Dézéry en inquisiteur sans pitié est cette fameuse annonce publiée dans la *Gazette de Montréal,* le 19 novembre 1789:

Mardi, 24 courant, il sera donné à la salle de spectacle, chez M. Dulongpré, une représentation du *Retour imprévu,* comédie en deux actes et en prose, de M. Regnard, suivie des *Deux billets,* comédie en un acte et en prose, mêlée d'ariettes, du Chevalier de Florian. La porte sera ouverte à six heures et, à sept heures, la toile sera levée. Messieurs les acteurs prient les dames d'y venir sans chapeau, ni autre coiffure qui puisse empêcher de voir commodément. Les billets se distribueront chez M. Hersé, lundi du 23 courant, depuis neuf heures du matin jusqu'à cinq heures du soir.

Il faut toujours faire attention aux généralités, car l'opinion d'un curé ne demeure que la sienne et peut ne pas faire l'unanimité chez ses pairs. Dans une lettre datée du 30 novembre 1789, Mgr Jean-François Hubert écrit ceci au patron du curé scandalisé, M. Gabriel-Jean Brassier, le vicaire général du diocèse de Montréal: «Il ne faut pas attaquer un désordre au moment même où il sévit. C'est pourquoi M. Dézény a mal fait d'invectiver contre les spectacles qui sont représentés à Montréal. Il n'aurait pas dû dire en chaire que l'on refusera l'absolution à ceux qui y assisteront. C'est le moyen d'éloigner les âmes pusillanimes du tribunal de la Pénitence.»

L'évêque ne faisant finalement pas opposition au projet de Quesnel, ce dernier présentera des pièces en 1789 et en 1790, année où le *Théâtre de Société* cesse ses activités et il faudra attendre 14 ans, soit en 1804, avant de revoir du théâtre francophone.

Quant à la polémique sur la moralité du théâtre, voici des extraits d'un texte de Quesnel publié dans la *Gazette de Montréal* le 7 janvier 1790:

> Quoiqu'assez indifférent aux divers arguments pour prouver que la comédie doit être permise ou défendue, j'avoue que je n'ai pu lire ce qu'on en disait dans l'avant-dernière *Gazette* sans être tenté d'y répliquer quelque chose [...]. J'aurais commencé par poser pour principe que la comédie en elle-même

n'a rien de contraire à l'esprit du christia-
nisme, j'aurais ajouté qu'elle fut autrefois non
seulement tolérée par l'Église, mais encore
encouragée par des prélats qui ne dédaignè-
rent pas d'enrichir de leurs productions le
théâtre naissant: et pour le prouver j'aurais
cité La Sophoniste du prélat Trifsino, nonce
du Pape Léon X, la première tragédie régu-
lière que l'Europe ait vue après plusieurs
siècles de barbarie et que Rome reçut avec un
applaudissement unanime [...]. J'aurais fait
voir encore, que le théâtre venant ensuite à
s'épurer, il fut regardé, avec raison, comme
une école où l'on pouvait instruire l'homme
en l'amusant. Que dès lors on les réédifia
dans Rome [...] où presque sous les yeux du
Saint-Père on y joue l'opéra pendant un certain temps de l'année [...]. J'aurais prouvé
qu'il est faux que l'Église ait jamais défendu
les concerts, et j'aurais allégué pour cela
l'exemple d'un grand nombre d'ecclésiastiques très réguliers, qui ayant du goût et des
talents pour la musique, se font un plaisir de
jouer des instruments dans les concerts de
société, ou d'y assister comme amateur.
J'aurais pu faire voir qu'il peut résulter plusieurs avantages de l'habitude d'aller au spectacle, ne fut-ce que pour y apprendre à
déclamer avec grâce, et y saisir le ton et le
geste qui fait porter la persuasion dans l'âme,
talent si nécessaire et pourtant si rare ici,
même en chaire.

Joseph Quesnel décède d'une pleurésie le 3 juillet 1809 à l'Hôtel-Dieu de Montréal et, citant Benjamin Sulte, John E. Hare souligne le rôle important de cet homme dans l'évolution de la vie culturelle au Québec: «Nous lui devons la principale part du réveil littéraire que l'on remarque à partir de 1788 dans notre pays.»

LE DRAME D'HORREUR DE DAVID MCLANE

Le sort que l'on réserve à McLane pourrait fournir le scénario de l'un des pires films d'horreur jamais tournés. Les dirigeants politiques vont parfois abuser de leurs pouvoirs jusqu'à utiliser un citoyen innocent pour le décapiter sur la place publique afin de terroriser le peuple et surtout de passer le message clair: «Restez tranquilles, sinon...» Le pire, c'est qu'à court terme le truc fonctionne toujours.

Citoyen américain du Rhode-Island, David McClane est un commerçant de bois qui n'a visiblement aucune notion de la vie politique d'ici et qui n'y porte aucun intérêt. À l'âge de 30 ans, il est pendu à Québec le 21 juillet 1797 pour haute trahison envers la couronne britannique. Selon l'expression consacrée: McLane a le malheur d'être au mauvais endroit, au mauvais moment. Selon Claude Galarneau, qui a étudié ce cas, «tous les historiens depuis Garneau, sauf Brymner [...] ont jugé sévèrement cette condamnation. McLane apparaît beaucoup plus comme un pauvre d'esprit qu'un conspirateur. Il ne fait pas de doute qu'il y eut plus de cruauté que de justice dans cette affaire: les circonstances expliquent cependant cette condamnation[70]».

Examinons donc les circonstances qui ont produit ce drame, car le climat social et politique à la fin du XVIIIe siècle est sous haute tension. Le Québec du temps n'est surtout pas isolé du reste du monde et on est très au courant des bouleversements majeurs qui se produisent sur la planète. Galarneau précise à ce sujet que de 1789 à 1793, les anglophones et les francophones vantent les mérites de la Révolution en France qui se donne enfin un régime parlementaire; les journaux de Québec et de Montréal commentent régulièrement cette affaire.

Mais les conquérants des plaines d'Abraham, fidèles à la couronne britannique, rigolent moins quand les Américains décident de ne plus être des coloniaux britanniques en déclarant leur indépendance, encouragés et soutenus de surcroît par la France qui, à son tour, déclare la guerre à la Grande-Bretagne.

Durant cette période trouble, le gouverneur général, lord Dorchester, n'apprécie pas du tout la venue aux États-Unis du représentant de la République française, Edmond-Charles Genest, qui tient des discours antibritanniques et qui est soupçonné d'envoyer chez nous des Français pour dire aux francophones de se révolter et pour distribuer des écrits comme ce texte intitulé *Les Français libres à leurs frères du Canada*, publié dans

Cours d'histoire du Canada, de Thomas Chapais, et dont voici un extrait:

> Imitez les exemples des peuples de l'Amérique et de la France. Rompez donc avec un gouvernement qui dégénère de jour en jour et qui est devenu le plus cruel ennemi de la liberté des peuples. Partout on retrouve des traces du despotisme, de l'avidité, des cruautés du roi d'Angleterre. Il est temps de renverser un trône où s'est trop longtemps assise l'hypocrisie et l'imposture. Ne craignez rien de George III, de ses soldats en trop petit nombre pour s'opposer à votre valeur. Le moment est favorable et l'insurrection est pour vous le plus saint des devoirs. Rappelez-vous qu'étant nés Français vous serez toujours enviés, persécutés par les rois anglais et que ce titre sera plus que jamais aujourd'hui un motif d'exclusion de tous les emplois [...]. Canadiens [nom donné aux Québécois à l'époque], armez-vous, appelez à votre secours les Indiens. Comptez sur l'appui de vos voisins et sur celui des Français.

Inutile de dire que la classe dirigeante panique et que la paranoïa s'installe. On voit des complots partout et une chasse aux sorcières est établie: à partir de l'automne 1793 s'installe chez les Anglais la frayeur de voir arriver la flotte française, une peur qui renaîtra tous les automnes jusqu'en 1797. On craint peut-être une invasion américaine venant libérer le Canada de l'Angleterre. Le lieutenant-gouverneur en conseil demande à tous les étrangers et, en particulier les Français établis ici depuis le 1er mai 1794, de quitter le pays dans les vingt jours. Bref, les autorités civiles et religieuses s'entendent pour dire au peuple un seul message clair: le Québec *est et demeurera* une colonie britannique.

En 1796, deux lois de nos dirigeants vont révolter le peuple, et la mise en application de ces lois détériore le climat déjà très tendu.

En 1796, le gouvernement fait adopter le *bill de la milice* visant la mobilisation générale obligatoire si l'ennemi menace, et les peines sont très sévères pour dompter les insubordonnés. La population se révolte dans plusieurs endroits. Des émeutes ont lieu à Montréal, à Québec et à Charlesbourg. Pourquoi défendre ce que l'on ne veut plus! Comme le précise l'historien Chapais, pour ramener le calme, «Dorchester fit preuve à la fois de modération et d'énergie. Deux des meneurs de Charlesbourg, Pierre Chartré et Jérôme Bédard, furent arrêtés et emprisonnés. Plusieurs arrestations eurent lieu aussi à Montréal. Mais le gouverneur s'abstint de faire marcher les troupes régulières contre les mutins».

L'autre loi de 1796 qui soulève encore la colère du peuple est celle visant à améliorer les routes et les ponts. Ce conflit n'a rien à voir avec l'idée de l'indépendance, précise Galarneau, car «les Canadiens étaient surtout mécontents de cette loi qui les obligeait à payer de leur personne et de leur travail dans une conjoncture défavorable puisque les récoltes de 1795 et de 1796 avaient été fort mauvaises». D'autres émeutes ont lieu.

L'état d'esprit des autorités civiles est très bien expliqué dans le rapport du procureur général Sewell qui ne fait pas les nuances nécessaires selon Chapais:

> La cause de tant de crimes et délits contre le gouvernement, je l'attribue au grand nombre d'émissaires français dont la province a été dernièrement infestée et leurs manœuvres pour exciter des troubles sont, en tous points, semblables à celles qu'ils employèrent en 1794 [...]. L'Acte de milice servit de prétexte; cette fois-ci, ils ont su profiter de l'Acte des chemins pour détourner les Canadiens de leur devoir d'allégeance.

Il n'est donc pas surprenant que, dans une telle soupe, tout étranger «suspect» peut devenir très rapidement un «coupable». Voilà que le 1er décembre 1796, William Barnard déclare sous serment qu'il a rencontré au Vermont, en juillet, un certain McLane et que ce dernier lui a alors confirmé qu'il se préparait à organiser une révolte au Bas-Canada. À son tour, John Black, député de Québec, fait part aux autorités qu'un dénommé Frichet lui a révélé avoir rencontré un militaire français qui se cache dans la région de Québec et qui confirme qu'une armée de 15 000 hommes attend à la frontière pour libérer le Bas-Canada. Fouillant cette affaire, Black rencontre cet homme qui est plutôt un Américain ne s'exprimant qu'en anglais. Black conseille à McLane de se réfugier chez un ami de Charlesbourg et en profite pour le dénoncer aux autorités qui le font arrêter; David McLane est accusé de haute trahison et le procès a lieu le 7 juillet 1796.

Galarneau estime que McLane, lors de son témoignage, ne semblait pas vraiment comprendre pourquoi on l'accusait et qu'il a présenté des faits complètement contraires à la preuve qu'on a voulu monter contre lui:

> En résumé, McLane dit qu'il est venu au Canada pour vendre du bois et échapper à ses créanciers. Selon l'accusé, c'est Frichet qui aurait parlé d'armer les Canadiens avec des piques s'il y avait un soulèvement. Il ajoute qu'«il n'avait rien contre les témoins, qu'ils pouvaient être honnêtes, mais que tous les hommes étaient sujets à se tromper, et qu'ils avaient très mal interprété ses vues, qui n'étaient point politiques mais mercantiles». L'accusé conclut sa défense en demandant à Dieu de donner l'éloquence et la persuasion à ses avocats.

Les deux avocats de la défense ont beau plaider le manque évident de preuves solides et que la loi de la trahison ne peut s'appliquer aux étrangers, rien à faire, on condamne McLane qui est pendu le 21 juillet 1797, à Québec, près de la Porte Saint-Jean, place des Glacis (aujourd'hui Place d'Youville). Galarneau nous présente les détails de la sentence dont la morbidité est à glacer le sang dans les veines:

> Le juge en chef condamne McLane à la pendaison, mais non jusqu'à ce que mort s'ensuive, car, dit-il, «vous devez être ouvert en vie et vos entrailles seront arrachées et brûlées sous vos yeux; alors votre tête sera séparée de votre corps, qui doit être divisé en quatre parties; et votre tête ainsi que vos membres seront à la disposition du Roi. Que le Seigneur ait pitié de votre âme». [...] Il était déjà mort lorsque le bourreau lui trancha la tête [...]. Quant à Frichet, il fut condamné à la prison à vie pour n'avoir pas dénoncé McLane.

Un député expulsé quatre fois de la Chambre

En 1807, le député de Terrebonne est jugé indésirable et indigne de représenter les électeurs de son comté, et la Chambre d'Assemblée, en mars 1802, se voit dans l'obligation de voter une loi spéciale lui interdisant pour toujours et à jamais d'être député. Publiée dans le *Journal de l'Assemblée du Bas-Canada*, le 12 février 1817, cette loi s'intitule *Acte pour rendre Charles-Baptiste Bouc inhabile et incapable d'être élu, de*

*siéger ou voter comme membre de la Chambre
d'Assemblée de cette Province.*

Charles-Jean-Baptiste Bouc naît le 25 novembre
1766 à Terrebonne; il est le fils du marchand Louis
Bouc. À l'âge de dix-huit ans, à Terrebonne, le 20 septembre 1795, il épouse Archange Lepage. En plus
d'être marchand, il exploite plusieurs terres agricoles
de sa région[71].

Selon l'historien Pierre-Georges Roy, qui a publié
dans le *Bulletin de recherches historiques* (*B.R.H.*) un
article sur cet individu, les problèmes de Bouc commencent en février 1798:

> Bouc, député de Effingham [Terrebonne],
> acheta une quantité considérable de blé de
> Étienne Drouin, cultivateur de la paroisse de
> Terrebonne [...]. Bouc mouilla son blé et
> accusa ensuite Drouin de lui avoir vendu du
> mauvais blé, l'informant en même temps que
> la loi punissait une semblable offense de la
> corde [...]. Le pauvre Drouin, honnête mais
> naïf, crut Bouc sur parole et pour s'éviter un
> procès qui l'aurait peut-être conduit à la
> potence, il consentit un billet de dix-huit
> cents livres payable à demande [...]. Plus
> tard, Drouin s'informa et reconnut qu'il avait
> été floué. Il porta plainte et Bouc et ses com-
> plices [...] furent traduits devant la Cour du
> Banc du Roi pour le district de Montréal

[…]. Le 9 mars 1799, Bouc fut condamné à un emprisonnement de trois mois, à une amende de vingt livres et à donner des cautions de sa bonne conduite pendant l'espace de trois ans.

Roy relate que la députation est rapidement mise au parfum de cette affaire:

Le 12 avril 1799, M. Lynd, député greffier de la Couronne déposa devant la Chambre copie des pièces du procès. À la séance suivante, lecture en fut donnée et le procureur général proposa de prendre l'affaire en considération […]. À la session de 1800, Bouc fut moins heureux. Malgré les efforts de MM. Papineau, Berthelot, Martineau, Dumas, son expulsion fut votée avec une majorité de treize voix.

Ce personnage doit être extrêmement populaire dans son comté, car il est élu de nouveau aux élections de juillet 1800 et, une seconde fois, la Chambre l'expulse le 24 janvier 1801. Le siège est donc vacant et on ordonne la tenue d'une élection partielle le 9 mars 1801. Savez-vous qui remporte cette partielle? Nul autre que Bouc que la Chambre va expulser une troisième fois le 20 mars 1801. On reprend cette élection partielle en avril 1801. Non, non, non, c'est pas vrai! Oui, oui, oui, M. Bouc est encore une fois l'heureux élu!

Il y a des limites à se moquer des institutions et Pierre-Georges Roy explique comment la Chambre prend les moyens pour faire cesser ce cirque:

> Pour empêcher Bouc de prendre son siège, M. de Bonne, député de Trois-Rivières, proposa l'ajournement de la Chambre au vendredi suivant. La motion fut renvoyée, et Bouc fut introduit dans la Chambre par MM. Berthelot, Vandenvelden et d'autres membres [...]. Bouc, cette fois, alla au-devant des accusateurs. Il prétendit qu'il n'était pas coupable du crime pour lequel il avait été condamné en Cour du Banc du Roi et il soumit une liste de témoins qu'il avait à faire entendre pour l'exonérer [...]. Le 22 mars, jour fixé pour rencontrer ses accusateurs, Bouc, au lieu de faire entendre ses témoins, fit comparaître son avocat, Alexis Caron, à la barre de la Chambre [...]. En dépit du discours éloquent de son défenseur, Bouc, pour la quatrième fois, fut expulsé de la Chambre.

Bouc va continuer à s'impliquer dans son milieu et, en 1805, il est élu syndic de sa paroisse. Sa vie post-parlementaire va démontrer, selon le biographe Richard Chabot, que nos institutions politiques n'avaient pas besoin d'accueillir cet individu en ses murs:

> En 1807, Bouc est emprisonné pour intrigues criminelles. Quatre ans plus tard, il

est accusé à nouveau de fraude et d'escroquerie et il est condamné à six mois de prison [...]. De retour à Terrebonne au début de l'année 1812, Bouc est l'objet de pénibles vexations et il doit subir les médisances et les calomnies de son entourage. Déshonoré, traîné dans la boue, c'en est fini de son autorité et de son prestige dans sa localité [...]. Miné par ses échecs, abandonné de tous, Charles-Jean-Baptiste Bouc meurt le 30 novembre 1832 dans la déchéance la plus totale.

LE MARIAGE DE M. BELLET PUBLIQUEMENT CONTESTÉ

Monsieur François Bellet a beau être un notable personnage de la ville de Québec, son mariage avec sa servante ne reçoit pas tellement l'approbation de l'opinion publique et, pour dénoncer ce que l'on considère être un scandale, on lui organise un charivari monstre, un désaveu public très humiliant à l'époque.

Né à Québec le 2 novembre 1750, François Bellet devient avec le temps une personnalité importante de sa ville natale. D'abord navigateur faisant du cabotage sur le Saint-Laurent, il va vite s'intéresser aux affaires et à la politique; il est d'ailleurs un ami personnel de Louis-Joseph Papineau. En plus d'être député, il est marguillier de la paroisse Notre-Dame de Québec et l'un des dirigeants d'un centre de soins pour les démunis. Le 12 juillet 1773, il épouse Cécile Laflamme qui décède en 1815. Le 15 septembre 1817, âgé de 67 ans, il épouse sa servante, Marie-Honoré Fournier et c'est ce mariage qui lui vaudra les foudres de l'opinion publique: un charivari[72].

Dans *Le charivari au Canada,* une recherche publiée dans le *B.R.H.,* voici en bref ce qu'est cette coutume:

> Dans les divers pays où le charivari a régné, sa forme la plus ordinaire et celle qui a pu constituer l'origine de la coutume, c'est le «tumulte» qui se fait en dérision des gens qui se marient étant d'âge fort inégal, ou encore, en moquerie des veufs et des veuves qui convolent trop peu de temps après le décès de leur conjoint [...]. À toutes les époques, ces charivaris ont donné lieu à des scènes regrettables et déjà, au XVIᵉ siècle, le concile de Trente les avait défendus sous peine d'excommunication. Mais certaines pratiques tiennent par des racines si profondes dans l'âme populaire que les interdictions n'exercent sur elles qu'un refrènement transitoire.

À Québec, par exemple, l'étude du *B.R.H.* rapporte que l'un des premiers charivaris a lieu en Nouvelle-France en 1683 quand l'épouse de François Vézier, veuve depuis seulement trois semaines, se marie avec Claude Bourget. Voyant que le charivari ne cesse depuis une semaine, Mᵍʳ de Laval, le 3 juillet 1683, rédige un mandement officiel pour y mettre fin. L'évêque s'exprime en ces termes:

> Ayant été informé qu'en conséquence du mariage célébré dans cette ville de Québec depuis six jours grand nombre de personnes de l'un et l'autre sexe se seraient assemblées toutes les nuits sous le nom de charivari et auraient dans leurs désordres et libertés scandaleuses [...] commis des actes très impies [...] faisons très expresses inhibitions et défenses à tous les fidèles de l'un ou l'autre sexe de notre diocèse de se trouver à l'avenir à aucune desdites assemblées qualifiées du nom de charivari, aux pères et mères d'y envoyer ou permettre que leurs enfants y aillent, aux maîtres et maîtresses d'y envoyer leurs domestiques [...] le tout sur peine d'excommunication.

Comment se déroule le charivari de M. Bellet en 1817? Voici la scène:

> Un soir par une nuit très sombre, on organisa une procession dans une cour de la rue Saint-Jean. Un cercueil de papier éclairé en dedans, avec force écriteaux sur les côtés, était porté sur un brancard par quatre hommes barbouillés de noir, précédés d'un tambour et d'un fifre, plus des marmites et des chaudières en fer blanc pour augmenter le tinta-

marre, puis une foule de gamins faisant queue. Du haut du balcon où nous logions à quelques portes de la demeure de M. Bellet, je vis défiler cette mascarade. Arrivé à la demeure de notre concitoyen, un orateur, hissé sur les épaules de deux robustes individus, fait l'oraison funèbre de madame Bellet. Chacun de se dire: comment M. Bellet va-t-il recevoir cette désagréable visite. Une bourse de cent piastres leur fut donnée avec la pensée du donateur de boire à sa santé et à celle de sa nouvelle épouse[73].

L'HÔPITAL GÉNÉRAL NAÎT DANS LA VIOLENCE

La fondation de l'Hôpital Général de Montréal se fait malheureusement dans la violence et dans le sang. Admirons les personnes consacrant beaucoup d'énergie à réaliser des projets bénéfiques à la communauté, mais quand la passion dans l'action tourne en démence, faut-il en rire ou en pleurer? Le promoteur, le docteur William Caldwell, et l'opposant au projet, l'avocat et député Michael O'Sullivan, iront trop loin.

Né le 14 mai 1782 en Écosse, William Caldwell étudie la médecine à Édimbourg et joint l'armée en 1805. Arrivé ici en 1815, il habite à Montréal, rue Saint-Jacques. Le 23 janvier 1822, il épouse Jane Douglass Sweeney. Caldwell est l'un des premiers médecins du Montreal General Hospital et, à partir de 1829, il enseigne aussi à l'Université McGill. Il meurt du typhus en janvier 1833[74].

La controverse au sujet de cet hôpital prend naissance chez les politiciens, à la Chambre d'Assemblée qui reçoit ce projet soutenu par des citoyens de Montréal. Au parlement, le député John Molson, le fondateur de la célèbre brasserie, se porte à la défense du projet, mais le député Michael O'Sullivan s'y oppose avec férocité et sarcasme, précise Ægidius Fauteux dans *Le duel au Canada:*

> Un député, M. Molson, commença par exposer les vœux des pétitionnaires qui avaient été favorablement accueillis par une commission de la Chambre nommée spécialement à cette fin; il allégua que la Législature, qui avait accordé des sommes considérables, plusieurs milliers de louis, à un hôpital catholique à Québec, ne pouvait décemment refuser d'en faire autant pour l'érection d'un hôpital protestant à Montréal [...]. Puis ce fut au tour de M. Michael O'Sullivan, qui était alors député du comté de Huntingdon. Catholique et irlandais, il n'était point du tout favorable à la requête de Messieurs les Anglais protestants de Montréal. Pendant plus d'une heure il s'éleva contre le projet, mais sur le ton solennel [...]. Il s'en prit particulièrement aux témoignages des docteurs Blanchet et Hackett et prétendit que les savants médecins avaient réhabilité Molière en prouvant que le

perfectionnement de la médecine produisait l'accroissement des malades. Tout ce discours saupoudré de sel caustique et rempli d'humour irlandais fit se tordre les députés.

Cette guerre des idées et des mots va empirer, souligne l'historien Fauteux, et voilà qu'on utilise un journal pour lancer des attaques personnelles:

> Une semblable discussion ne pouvait rester sans écho en dehors de l'enceinte parlementaire. Quelques jours après en effet paraissait dans un journal de Montréal, le *Daily Courant,* une communication signée «An active advocate of an Hospital». L'auteur de cet article prenait directement à partie M. O'Sullivan et, de la façon la plus perfide, allait jusqu'à jeter des doutes sur son courage personnel [...]. O'Sullivan, qui avait le sang vif et qui n'entendait plus au badinage, prit feu à l'instant. Il envoya sans tarder sommer M. Nahum Mower, l'éditeur du *Courant,* de lui livrer le nom du calomniateur anonyme qui venait ainsi de le frapper au-dessous de la ceinture. M. Mower ne fit pas difficulté de nommer le docteur William Caldwell, un ancien chirurgien de l'armée anglaise et l'un des principaux promoteurs de la pétition en faveur de l'Hôpital Général. Une rencontre fut en conséquence arrangée le même soir entre l'insulteur et l'insulté.

La tension monte d'un cran et cette rencontre va tourner au tragique. Puisque les mots ne suffisent plus, voici qu'on se provoque en duel. Fauteux décrit la scène:

> Dès six heures du matin, le dimanche 11 avril 1819, Michael O'Sullivan et le Dr Caldwell se rendirent avec leurs seconds à l'endroit qui avait été choisi, sur la Pointe-du-Moulin-à-Vent. Les armes étaient, comme à l'ordinaire, le pistolet, et le combat, apparemment, devait être sans limite, car il n'y eut pas moins de cinq reprises et les deux adversaires s'envoyèrent mutuellement cinq balles. O'Sullivan avait déjà été blessé de deux balles à chacun de ses talons lorsque, à la dernière décharge, il en reçut une troisième à travers le corps qui rendit impossible la continuation du combat. Quant au Dr Caldwell, il s'en tirait avec un bras fracassé.

Les deux personnages s'en sortent vivants, mais O'Sullivan demeure plusieurs jours entre la vie et la mort. Ce drame met fin à la demande de fonds auprès du gouvernement et c'est la population qui fournit l'argent pour l'hôpital qui ouvre ses portes en 1819, rue Saint-Antoine, pour ensuite déménager sur la rue Dorchester en 1822.

John Caldwell fraude l'État

Pour bien saisir et résumer en quelques mots l'ampleur, la gravité, l'énormité de la fraude commise par

John Caldwell, imaginez simplement ceci: le ministre responsable de la bonne gestion de toutes les rentrées de fonds du gouvernement se mettrait à piger à deux mains dans la caisse pour faire des investissements personnels, sans que personne ne soit vraiment au courant, et réussirait en plus à mettre techniquement l'État en faillite, car le découvert équivaudrait à une année de recettes. Une somme gigantesque! Cette affaire va largement occuper la scène politique et sociale pendant une vingtaine d'années (1820-1840) et constitue une des causes amenant la rébellion des Patriotes en 1837 et en 1838. Les faits de cet énorme scandale politique ont été entièrement reconstitués par J.-Edmond Roy dans *l'Histoire de la seigneurie de Lauzon*.

Né à Québec et baptisé le 25 février 1775, John Caldwell reçoit une formation en droit et montre de l'intérêt pour les affaires. Il devient le député du comté de Dorchester et le demeure durant une dizaine d'années. Le 21 août 1810, John Caldwell remplace officiellement son père, Henry, à titre de receveur général du Bas-Canada. Après la découverte du scandale dont il est l'auteur, il va s'exiler à Boston où il décède le 26 octobre 1842. Roy donne quelques détails sur l'importance de ce personnage:

> En sa qualité de receveur général, il était dépositaire de tous les argents provenant soit de la levée des impôts, soit des droits réguliers. C'est lui qui devait payer à même ces fonds, sur ordre du gouvernement, toutes les charges de l'administration civile de la colo-

nie. Comme son salaire était très minime, il était convenu, ainsi que c'était alors l'usage pour tous les fonctionnaires de sa catégorie, qu'il pouvait employer les deniers dont il avait la garde pour son avantage particulier, pourvu qu'il en rendit bon compte sur demande.

Comment cela fut-il possible? Deux explications très simples: d'abord, n'ayons pas peur des mots, le système parlementaire de cette époque est pourri et, ensuite, faites confiance à un bandit pour tirer profit de toute faille dans un système.

À l'époque, le pouvoir *législatif* et le pouvoir *exécutif* sont séparés: la minorité anglophone contrôle l'exécutif, et la majorité francophone, représentée par les élus siégeant à l'Assemblée législative, n'a aucun contrôle sur l'administration des fonds publics qui est un privilège de l'exécutif. Le principe de la *responsabilité ministérielle* que l'on connaît aujourd'hui n'existe pas à l'époque et ce principe de démocratie sera d'ailleurs l'un des combats politiques de Louis-Joseph Papineau, souligne Fernand Ouellet dans une biographie sur ce personnage:

> Selon lui, la constitution de 1791 devrait confier aux Canadiens un instrument politique destiné à assurer la survivance de leur culture et de leurs institutions. Par contre, le fonctionnement de ces institutions après

1792, selon lui, attribue une sorte de suprématie aux gouverneurs, aux fonctionnaires d'origine britannique et aux marchands anglais qui avaient formé une alliance avec les deux groupes canadiens-français les moins conscients des objectifs nationaux: le clergé et les vieilles familles seigneuriales. Les structures politiques, de son point de vue, avaient été manipulées par des éléments hostiles ou peu conscients des intérêts réels de la nation canadienne-française. Quant aux vrais représentants de la nation siégeant à l'Assemblée, leur influence était à peu près nulle. C'est en raison de cette perception subjective des équilibres politiques que Papineau accepte l'idée de la responsabilité de l'exécutif.

L'affaire Caldwell, c'était beaucoup trop de pouvoir dans les mains d'une seule personne. Le 1er mai 1822, le gouverneur Dalhousie apprend l'horreur: Caldwell s'est tellement servi dans la caisse qu'il ne peut plus payer les dépenses prévues par le gouvernement. Dalhousie garde cette affaire secrète pour tenter de trouver des solutions, mais il n'aura bientôt plus le choix d'annoncer cette fracassante nouvelle aux députés de l'Assemblée. L'humiliation suprême l'attend, car «la chambre d'Assemblée s'était plainte à plus d'une reprise de ne pas exercer de contrôle suffisant sur les revenus publics», note Andrée Héroux dans sa recherche sur Caldwell. Le 27 novembre 1823, peu après l'ouverture de la session, Dalhousie dévoile la situation à l'Assemblée.

À la date du 17 novembre 1823, John Caldwell doit personnellement rembourser à l'État plus de 100 000 livres. Inutile de décrire le choc encaissé par les députés. En décembre 1823, un comité d'enquête est formé et Caldwell perd bien sûr son poste. On découvre que, depuis des années, il utilise l'argent public pour des investissements personnels dans une multitude d'affaires commerciales.

Ce n'est qu'en 1829 qu'on met en vente des biens achetés par Caldwell pour rembourser l'État: les seigneuries de Gaspé, de Saint-Étienne et de Foucault avec le manoir, une propriété à Sainte-Foy, des terrains situés en basse-ville de Québec. Pour avoir une idée de l'ampleur de la fraude, la vente de tous les biens ne donne qu'environ 9 000 livres. Il reste un gros morceau, la seigneurie de Lauzon, qui peut rapporter plus de 100 000 livres, mais Caldwell va faire durer le suspens pendant 20 ans en portant sans cesse en appel toute décision des tribunaux se prononçant à ce sujet. Cette seigneurie devait être vendue en août 1826, mais le dossier ne se règle qu'en 1843, un an après le décès de Caldwell.

Exprimant la révolte des députés du parti de Louis-Joseph Papineau, conclut Roy, les célèbres *92 résolutions*, déposées à l'Assemblée le 17 février 1834, n'épargnent pas Caldwell:

La 24e résolution dessine le portrait de plusieurs conseillers législatifs. On y trouve celui de Sir John Caldwell, ci-devant receveur géné-

ral, spéculateur condamné à payer près de
£100 000 en remboursement de même
somme prélevée sur le peuple de cette province et le soutien du gouvernement de Sa
Majesté et qui a pris et détourné la plus grande
partie de ces sommes de leur destination et les
a converties à son usage particulier» […]. La
16ᵉ résolution donne comme un des griefs de
l'assemblée «le refus du gouvernement de Sa
Majesté de rembourser à la province, le montant de la défalcation Caldwell et sa négligence
à exercer les droits de la province.»

L'ÉLECTION DE CANNON SENT L'ALCOOL

Le jeudi 16 mars 1826, la Chambre d'Assemblée
expulse John Cannon qui perd ainsi son poste de
député pour avoir fourni de l'alcool aux électeurs. Bien
avant la percutante publicité gouvernementale
actuelle, la députation dit clairement à ce monsieur:
«L'alcool aux votants, ça s'arrête ici!»

Cannon naît à Saint-Jean, Terre-Neuve, vers 1783.
En 1795, son père, Edward, déménage la famille à
Québec où il fonde une entreprise spécialisée en
maçonnerie. Vers 1809, John prend la relève et dirige
l'entreprise. Il obtient d'importants contrats dont un
bâtiment pour l'Hôpital Général de Québec, l'intérieur de la cathédrale de Québec, l'église de Baie Saint-
Paul et l'Hôtel de l'Union à Québec.

À partir de 1820, Cannon s'intéresse de plus en plus à la politique; il est un ami personnel du lieutenant-gouverneur Francis Nathaniel Burton. En 1824, des élections générales ont lieu et Cannon est élu le député du comté d'Hampshire [la région de Portneuf]: «Il avait surtout des appuis dans la paroisse de Pointe-aux-Trembles [Neuville], où il se faisait un commerce de pierre très considérable et où le notaire et agent seigneurial François-Xavier Larue faisait campagne pour lui[75].»

Mais des plaintes sont portées par des citoyens du comté parce qu'il aurait «soudoyé des électeurs, en avait menacé d'autres de poursuites pour dettes» et aurait ouvert des lieux où coulait l'alcool, souligne la biographe Christina Cameron. L'affaire est prise très au sérieux par l'Assemblée des députés qui convoque tous les témoins. Dans son édition du 27 mars 1826, la *Gazette de Québec* rapporte comment on traite le cas:

> L'élection de M. Cannon est prise en consi-dération. M. Clouet présente une pétition de M. Cannon qui demande qu'il ne soit pas permis à trois membres, qui ont exprimé publiquement leurs opinions sur ladite élec-tion, de voter sur icelle. La pétition est reje-tée [...]. M. Guay, avocat de M. Dorion, est entendu à la barre, et les témoignages en faveur des pétitionnaires sont lus. M. Plamondon, avocat de M. Cannon, est aussi entendu à la barre et on lit les témoignages en faveur du membre siégeant [...]. Sur

motion de M. Neilson, il est résolu: 1. Que les pétitionnaires ont prouvé d'une manière satisfaisante que M. Cannon avait tenu une maison publique ouverte à ses propres frais pendant l'élection pour le comté d'Hampshire [23 voix contre 6]. 2. Que John Cannon, écuyer, soit jugé et déclaré incapable de siéger ou voter dans cette chambre en vertu de ladite élection et qu'il soit expédié un nouvel ordre d'élection pour ledit comté; 3. Que ledit John Cannon soit condamné à payer les frais et dépens.

Quatre jours plus tard, soit le 20 mars 1826, dans une lettre écrite à son épouse Julie et publiée dans le *Rapport de l'Archiviste de la Province de Québec*, Louis-Joseph Papineau se dit en accord avec le sort réservé à Cannon:

L'une de nos séances, commençant à deux heures après-midi pour finir à deux heures après minuit, a bien été la plus fatigante que j'ai connue [...]. Il s'agissait de l'élection de M. Cannon, il a été clairement prouvé qu'il avait consenti que l'on donnât à boire et, quoiqu'il n'eut dépensé que peu de choses comparativement au mal qui s'était commis dans d'autres élections, la Chambre a donné un juste exemple de sévérité en coupant court au mal dès le principe.

Prêtres et religieuses: un présumé scandale sexuel

En octobre 1835, un journal de New York, *The American Protestant Vindicator,* lance une nouvelle qui a l'effet d'une bombe: une jeune femme originaire de Montréal, résidant maintenant à New York, va publier un livre dénonçant des crimes et des comportements sexuels scabreux auxquels se livrent des prêtres et des religieuses de Montréal[76]. Cette auteure est Maria Monk dont les publications vont fortement secouer l'opinion publique aux États-Unis et au Québec.

Marie Monk naît le 27 juin 1816 à Saint-Jean, près de Montréal, et, très jeune, elle connaît déjà de sérieux problèmes de comportement. Parce qu'elle s'adonne à la prostitution, sa mère la confie, en 1834, à *l'Institution charitable pour les filles repenties.* En 1835, elle est enceinte et s'enfuit à New York. En 1837, elle vit à Philadelphie. En plus d'être réputée ivrogne, en 1849, elle se prostitue à New York. Accusée d'avoir volé un de ses clients, elle est mise en prison où elle meurt durant l'été de 1849.

Voici donc le contenu des allégations publiées par le journal new-yorkais:

> Il y a en ce moment à New York une jeune femme canadienne qui, à un âge encore tendre, fut mise dans une école de couvent pour y recevoir l'éducation que les religieuses se plaisent à donner. Trompée par les artifices

que ces amantes des prêtres romains savent si bien employer, elle devint enfin une interne de l'Hôtel-Dieu de Montréal avec l'intention de demeurer dans cette cage d'oiseaux malpropres jusqu'à sa mort. Elle fut bientôt initiée à une grande partie des mystères inséparables de ces cachots d'infamie et d'angoisse. Mais à la fin, son âme se révolta devant les atrocités de meurtre et d'impudicité qu'elle était obligée de voir et de souffrir. Elle fut même obligée de commettre un assassinat par l'ordre de l'abbesse, renforcé par celui de Jean-Jacques Lartigue, qui porte le titre de monseigneur l'évêque de Telmesse, suffragant, auxiliaire et vicaire général et de cinq autres prêtres, dans les circonstances que voici. On étouffa une jeune et malheureuse religieuse entre deux matelas de plumes et les autres religieuses appuyaient de tout leur poids sur son corps. Pendant qu'on perpétrait ce crime, cinq prêtres catholiques, l'abbesse et sept nonnes étaient présents [...]. On l'assassinait parce qu'elle ne voulait pas se soumettre aux indignités révoltantes des prêtres [...]. Le cadavre fut transporté dans un souterrain qui sert de réceptacle ordinaire aux victimes égorgées dans le couvent [...]. La jeune dame de New York résolut de s'enfuir du sérail des prêtres. Elle laissait plus de vingt de ses compagnes en état de grossesse [...]. Le récit complet et détaillé des scènes qui se passent à l'Hôtel-Dieu est sur le point d'être publié.

Quelle histoire! Tel que précisé dans cet article, c'est en janvier 1836 que le livre est publié sous le titre *Awful disclosures of Maria Monk*. On y raconte qu'après un noviciat de quatre ans, Maria prononça ses vœux et devint religieuse. Peu de temps après, la supérieure de la communauté lui ordonna d'obéir aux prêtres, peu importe leurs demandes. Horreur à l'horizon: Maria apprit qu'elle devait se soumettre à avoir des relations sexuelles avec des prêtres du Séminaire, et ces derniers pouvaient se rendre au couvent des religieuses en empruntant un couloir souterrain secret. L'horreur se poursuit quand Maria a constaté qu'on s'empressait de baptiser rapidement ces enfants nés de telles relations, pour ensuite les étrangler. On lui aurait expliqué que le baptême purifiait ces enfants du péché et, ainsi, ils entraient immédiatement au ciel. Maria affirme avoir assisté à l'assassinat d'une religieuse, ainsi punie pour avoir refusé les avances sexuelles d'un prêtre et pour avoir refusé d'étrangler deux bébés après leur baptême. De plus, elle aurait vu le couloir secret utilisé par les prêtres et découvert plusieurs cadavres de bébés enterrés au sous-sol de l'Hôtel-Dieu de Montréal.

En 1837, nouvelle publication de l'auteure Maria Monk décrivant la vie scabreuse des religieuses de l'Hôtel-Dieu: «Les lecteurs y apprirent qu'à l'Île-des-Sœurs, des religieuses des États-Unis et du Canada se rendaient pour y accoucher d'enfants illégitimes.» Le titre du livre est *Further Disclosures by Maria Monk*.

Les médias d'ici et les autorités religieuses vont bien sûr riposter à de telles énormités. Dès le 24 octobre 1834, le journal *L'Ami du Peuple* tente de démentir le contenu de l'article du *Protestant Vidicator*. On fait enquête sur cette prétendue auteure qui aurait été vue récemment à Montréal au bras d'un ministre méthodiste nommé Hoyt. Le journal anglophone prétendait que le couple logea dans un des principaux hôtels de Montréal. Maria affirmait être enceinte d'un prêtre:

> Ils logèrent dans un des principaux hôtels. Elle était grosse et devait accoucher quelques jours plus tard. Elle prétendit avoir été séduite par un prêtre et le ministre colportait partout la même histoire. Le personnel découvrit vite que les deux vivaient comme mari et femme. On fait avouer à la fille qu'elle était soldée pour débiter cette fable [...]. Celle-ci raconta que le séducteur n'était nul autre que le ministre. Depuis lors elle menait une vie fort libertine. Elle avait enfin suivi le ministre aux États-Unis. Elle n'avait jamais été à l'Hôtel-Dieu.

Le 28 octobre, *L'Ami du peuple* revient à la charge en publiant un message de la mère de Maria Monk qui déclare vouloir mettre le public en garde contre les supercheries de sa fille et du pasteur Hoyt. Le 15 octobre 1836, un journaliste américain, N.W.L. Stone, se déplace à Montréal pour fouiller l'affaire et il confie à un journaliste montréalais: «Au bout de dix minutes leur imposture était devenue pour moi aussi claire que le soleil en plein midi. Je vous déclare [...] que ni Maria Monk ni Frances Partridge n'ont jamais mis les pieds dans le couvent de l'Hôtel-Dieu.» En bref, ce journaliste constate que les lieux décrits dans le livre ne correspondent pas du tout à la réalité.

Quant à l'évêque, Mgr Lartigue, dans une lettre du 22 janvier 1837 adressée à l'évêque de Québec, il envisage sérieusement des poursuites et il écrit qu'on «pourrait peut-être obtenir du gouverneur de New York l'extradition de cette créature, pour la faire juger sur ses calomnies et libelles diffamatoires». Dans une autre lettre au vicaire général de New York, M. Power, datée du 18 mars 1837, Mgr Lartigue, pour prouver que ces histoires sont fausses, «consent à ce que le couvent de l'Hôtel-Dieu soit visité de nouveau par un comité de personnes respectables de New York, accompagnées si l'on veut d'un architecte».

Selon Philippe Sylvain, cette histoire va prendre fin après la visite du groupe et conclut que le clergé de Montréal a finalement été victime d'une guerre que les protestants des États-Unis menaient contre les catholiques dont le nombre croît trop vite à leur goût. Sylvain précise que l'affaire Maria Monk est une manifestation du même type que l'incendie du couvent des Ursulines de Charlestown survenu le 11 août 1834. Quant à la rédaction des livres (plus de 300 000 exemplaires furent d'ailleurs vendus aux États-Unis), Sylvain l'explique ainsi:

C'est ainsi que les dépositions en justice révèlent que Hoyt, adversaire résolu du catholicisme, avait assisté Maria dans sa fuite aux États-Unis et que le récit oral de celle-ci avait servi au révérend John Jay Slocum, ministre presbytérien, assisté entre autres de Hoyt et du révérend George Bourne, pour rédiger *Awful disclosures*; ce sont d'ailleurs eux qui avaient accaparé la majeure partie des profits de ce succès de librairie.

UN PATRIOTE PENDU DEUX FOIS

Autant on doit désapprouver les personnes qui utilisent la violence pour faire triompher leurs idées, autant on a le droit de se poser de sérieuses questions sur les gens ayant le pouvoir de condamner légalement un individu, mais qui se payent le luxe de rater leur coup en l'exécutant, au point de devoir reprendre la pendaison d'un humain déjà blessé et souffrant. Il faut le faire! C'est malheureusement le sort atroce que vit Joseph Duquet le 21 décembre 1838[77].

Né le 18 septembre 1815 à Châteauguay, Joseph Duquet fait des études au Séminaire de Montréal. En 1837, il joint l'étude de son oncle Pierre-Paul Démary, notaire à Saint-Jean-sur-Richelieu.

Joseph Duquet est un jeune patriote qui s'implique activement dans la rébellion de 1837-1838. Gérard Filteau résume son implication:

Le 6 décembre [1837], il figura parmi les patriotes qui prirent part à l'escarmouche de Moore's Corner [Saint-Armand-Station]. Il se réfugia par la suite à Swanton, au Vermont, et participa le 28 février 1838 à la tentative d'invasion du Bas-Canada, que dirigeait Robert Nelson [...]. Après l'amnistie de Lord Durham, Duquet put rentrer au Bas-Canada à la mi-juillet 1838. Il entreprit aussitôt une intense campagne de recrutement pour les frères-chasseurs. Il organisa une loge à Châteauguay et convainquit Cardinal d'en prendre le commandement.

Duquet est arrêté le 3 novembre 1838 alors qu'il va chercher des armes dans la réserve de Kahnawake. Il est mis en prison à Montréal et, le 28 novembre, il comparaît devant un tribunal militaire pour être jugé. Le jugement rendu le 8 décembre le condamne à la pendaison, ainsi que Joseph-Narcisse Cardinal. Même si le gouverneur John Colborne n'est pas lui-même certain de la légalité du procès et du jugement, la pendaison de Duquet et de Cardinal se fera le 21 décembre 1838.

Dans ce climat d'incertitude quant à la légalité du procès de son jeune fils d'à peine 20 ans, sa mère, Louise Dandurand, veuve de Joseph Duquet, va profiter de l'occasion pour écrire au gouverneur, le suppliant d'épargner son enfant :

Qu'il plaise à Votre Excellence. La vieille mère d'un fils malheureux, que son âge tendre a entraîné au bord de l'abîme, se jette aux pieds de Votre Excellence, la douleur dans le cœur, les sanglots dans la voix, pour demander à Votre Excellence le pardon de son fils. Demain, l'ordre fatal en vertu duquel le fil de ses jours sera tranché, doit être exécuté. Faut-il qu'il meure au matin de la vie, lui, le seul soutien de sa vieille mère dans les derniers jours de son existence, lui, le seul protecteur de ses trois jeunes sœurs, lui, ce modèle parfait de piété filiale et d'amour fraternel, lui, si chéri de tous ses amis! Faut-il que sa jeune tête tombe en sacrifice sur l'échafaud ensanglanté? Faut-il que votre requérante et les enfants qui lui restent [...] soient réduits à mendier leur pain chaque jour? Si abondant que serait ce pain, il sera toujours mangé dans l'amertume de notre âme, car il ne viendrait plus d'un fils bien-aimé; d'un frère idolâtré! Et tout cela, parce que l'infortuné jeune homme s'est un moment laissé égarer et s'est jeté dans la tempête qui a enveloppé tant d'hommes d'âge et d'expérience. Non, non! Votre cœur qui connaît le sentiment de l'amour paternel doit comprendre ma situation. Vous ne pouvez dédaigner la prière d'une mère malheureuse; et si vous ne me rendez pas mon fils, vous commuerez au moins ma sentence et lui donnerez au moins le temps de se repentir.

Vous vous souviendrez qu'il n'a pas répandu une seule goutte du sang de ses semblables. Vous n'oublierez pas ce qu'il a déjà souffert. Vous n'oublierez pas non plus ce que votre requérante a souffert pour lui, lorsqu'elle fut chassée de sa demeure par le feu qu'y avait allumé la main de l'incendiaire. La clémence, ce qui est la vertu des rois, devrait être une de vos plus nobles jouissances. Pardonnez donc à mon fils, et tous ses compatriotes se joindront à moi pour bénir votre mémoire. Pardonnez à mon fils, et l'expérience apprendra au monde que la miséricorde et non la rigueur produit la loyauté. […] Et votre requérante ne cessera d'implorer le ciel pour la conservation et la gloire de Votre Excellence et le bonheur de votre famille. L. Dandurand, veuve Duquet, Montréal, 20 décembre 1838[78].

Cette supplique maternelle ne change rien à la décision et l'échafaud est monté. Gérard Filteau décrit cette exécution qui se déroule d'une manière assez particulière:

Un peu avant neuf heures on les [Cardinal et Duquet] conduisit au bourreau. Il se nommait Humphrey. C'était un homme terrible, bâti en hercule, marchant cependant tout courbé sur un bâton. Son visage était un masque effrayant. […] Il fut, paraît-il, le seul bourreau de son temps qui se refusa à dissimuler ses traits sous le manteau noir. Ce fut aux mains de cet homme que les deux victimes subirent leur premier supplice, la toilette des condamnés. On les fit sortir dans la cour de la prison [...]. Escortés de leur confesseur, ils marchèrent vers l'échafaud. Il faisait un de ces jours sombres de décembre alors que le ciel semble se couvrir de lames de plomb. [...] Une foule silencieuse encombrait les abords de la prison. Au milieu d'elle, on pouvait voir Mgr Bourget agenouillé dans la neige, croix pectorale en mains. Cardinal gravit le premier les marches de l'échafaud. Humphrey lui banda les yeux en un tour de main, ajusta la corde au cou. Un déclic: un corps tombe dans le vide, reste suspendu après un violent soubresaut [...]. Quand Duquet posa les pieds sur les premières marches, ses forces le trahirent, il se mit à frémir et à claquer des dents. Les aides du bourreau durent le soutenir pendant qu'on lui passait la corde. Puis, ce fut un spectacle horrible. Lorsque la trappe tomba, la corde mal ajustée glissa et le corps du supplicié se mit à se balancer, heurtant avec violence la charpente renforcée de fer. Il était meurtri par tout le corps et saignait avec abondance. Il n'avait pas perdu connaissance et la foule pouvait entendre ses râles, elle se mit à crier: «Grâce! Grâce!» Humphrey, un moment interdit, prit une seconde corde, l'ajusta avec précision cette fois, puis coupa la première.

Le corps tomba trois pieds plus bas et l'on entendit tout autour le bruit des vertèbres qui se disloquaient[79].

LE MEURTRE DU SEIGNEUR DE KAMOURASKA

La trame du roman *Kamouraska,* écrit par Anne Hébert, est inspirée d'un fait réellement survenu. Le meurtre du seigneur de Kamouraska donne lieu à une enquête criminelle et au procès de Joséphine-Éléonore d'Estimauville, épouse du seigneur Louis-Pascal-Achille Taché; l'amant d'Éléonore est le docteur Georges Holmes. Le chercheur Sylvio Leblond a produit une étude complète sur cette affaire. Les faits présentés ici sont basés sur cette recherche[80].

Aujourd'hui célèbre, ce couple appartient à l'époque à des familles respectables et connues. Fils de Pascal Taché, notaire et seigneur de Kamouraska, Achille naît le 22 juin 1813. Fille de Jean-Baptiste-Philippe d'Estimauville, député grand voyer de Québec, et de Marie-Josephte Drapeau, dont le père est le seigneur de Rimouski, Éléonore naît à Québec le 30 août 1816 et fait des études chez les Ursulines, de 1829 à 1831; le voyer est la personne responsable des voies publiques. Le couple se marie à Québec le 16 juillet 1834. Éléonore est âgée de 18 ans et Achille a 26 ans.

Première étape vers le drame: en décembre 1837, Éléonore quitte son mari et va demeurer avec les enfants chez sa tante Kelly à Sorel. Une domestique est alors engagée: Aurélie Prévost. En janvier 1838, Achille Taché vient séjourner à Sorel avec les siens, mais repart pour Kamouraska en mai 1838. Dans sa déposition lors de l'enquête de février 1839, Éléonore affirmera avoir quitté son mari parce qu'il buvait trop et précise: «Il m'a souvent menacée de me tuer à coups de fusil [...]. Il m'a aussi souvent menacée de me détruire avec un rasoir [...]. Il m'a tellement maltraitée que je fus forcée de me séparer de lui.»

À Sorel, Éléonore va fréquenter puis entretenir une liaison amoureuse avec le jeune médecin Georges Holmes. Originaire du Vermont, et ayant un demi-frère prêtre et professeur au Petit Séminaire de Québec, Jean Holmes, Georges est confié à une famille de Saint-Ours à l'âge de 7 ans. En 1825, il étudie, en même temps qu'Achille Taché, au Séminaire de Nicolet. Il obtient le droit de pratiquer la médecine en avril 1837 et s'établit à Sorel.

Éléonore étant mariée, les amants ont d'abord des relations discrètes et Aurélie collabore à transmettre des messages écrits. Avec le temps, la relation devient plus sérieuse, on se cache de moins en moins. Holmes confie même à un ami vouloir épouser Éléonore si le mari venait à décéder et, selon des témoins lors de l'enquête, leurs ébats amoureux ont été vus par des indiscrets: «Les choses allaient bon train et les amants, du moins le docteur, avaient décidé qu'il fallait se débarrasser du mari», commente le chercheur Leblond.

À partir de l'automne 1838, on passe à l'action. Moyennant de l'argent, Holmes demande à Bridget Early d'aller séduire, de faire boire et d'empoisonner Achille, réputé aimer les femmes et l'alcool. Early accepte, s'arrête à Québec durant deux semaines puis revient à Sorel pour dire à Holmes qu'elle ne veut plus commettre ce meurtre. C'est alors qu'on demande à Aurélie de faire le travail. Lors de l'enquête, elle aura l'occasion de raconter sa version des faits. Voici un aperçu de son témoignage.

En janvier 1838, Aurélie entre au service de madame Adélaïde Drapeau, la veuve d'Augustin Kelly; madame Taché y demeurait avec son mari. Un mois plus tard, Aurélie devient la femme de chambre personnelle de madame Taché. Au printemps 1838, Achille Taché décide de retourner à Kamouraska. C'est après le départ de M. Taché qu'Aurélie affirme s'être rendu compte qu'il existait, selon ses propos aux enquêteurs, «une forte amitié entre madame Taché et le docteur Holmes». Quand ce dernier venait chez madame Kelly, Aurélie précise «qu'il s'enfermait dans une chambre avec madame Taché».

Après le départ de son mari, madame Taché confie alors à sa femme de chambre qu'elle regrette amèrement de l'avoir épousé et qu'elle éprouve beaucoup d'amitié pour le docteur Holmes. «Quand madame Taché a quitté madame Kelly pour aller demeurer avec sa mère dans la maison du docteur Haller, je l'ai suivie», a stipulé Aurélie qui affirme également avoir «eu connaissance que, pendant les couches de madame Taché, en octobre, ils avaient envoyé une Irlandaise [Bridget Early] à Kamouraska pour empoisonner monsieur Taché».

Au cours du mois de novembre, madame Taché informe Aurélie que le docteur Holmes veut absolument la voir. Elle se rend alors à son bureau et, là, «il me fait asseoir et me demanda d'aller à Kamouraska empoisonner monsieur Taché». Holmes lui promet que si elle réussissait, il lui donnerait une terre ou un emplacement bâti, ou encore «qu'il me garderait toute ma vie dans une chambre qu'il paierait, assise sur un sofa habillé en gros de Naples». Aurélie confirme avoir accepté cette offre: «Il me donna vingt piastres en argent et un pistolet chargé à utiliser si le poison ne faisait pas son effet.» Holmes recommande de tirer sur la tempe droite ou dans le côté gauche, vis-à-vis du cœur. Préparé et fourni par Holmes, le poison est mis dans une petite fiole.

Aurélie monte à bord d'un bateau qui se rend à Québec. Mais, après cinq jours dans cette ville, elle revient à Sorel à bord du bateau *Le Canada*. Le lendemain de son retour à Sorel, elle se rend chez Holmes pour lui confier qu'elle n'avait pu trouver un moyen de transport pour se rendre à Kamouraska. Quelques jours plus tard, voici qu'Aurélie repart pour Kamouraska. Holmes lui avait donné de l'argent pour l'achat de vêtements. Dans son témoignage, Aurélie confie qu'elle ressentait beaucoup de culpabilité et que Holmes, pour la rassurer, lui aurait garanti que jamais ce complot ne serait découvert. Quant à madame Taché, «elle m'encourageait à partir et souhaitait que je réussisse, car, me disait-elle, son mari l'a souvent menacée de lui couper le cou avec son rasoir».

Aux premières neiges, Aurélie fait donc le voyage pour Kamouraska, Holmes lui donne de l'argent, une bouteille de brandy, une bouteille contenant un liquide de couleur blanche et un petit pistolet; madame Taché lui donne un petit gobelet pour y verser le poison. Lui recommandant de bien prendre le temps nécessaire, Holmes demande à Aurélie de s'identifier sous le nom de Mary Smith, de raconter qu'elle est à la recherche d'un voleur et de lui adresser toute lettre sous le pseudonyme de Georges Larivé.

Un dénommé Joseph Lamoureux la conduit jusqu'à la Baie-du-Febvre. De là, elle traverse le fleuve jusqu'à Trois-Rivières et monte dans une diligence en direction de Québec. À la Pointe-Lévis, Aurélie rencontre un dénommé Pierre Pelletier qui l'amène jusqu'à Kamouraska. Par hasard, à Sainte-Anne-de-la-Pocatière, elle rencontre monsieur Taché dans une auberge. Il lui demande ce qu'elle vient faire dans cette région et s'informe aussi de sa femme qui n'avait pas répondu à ses récentes lettres. Aurélie lui répond qu'elle arrive de Montréal et qu'elle n'a pas vu son épouse depuis au moins quatre mois.

Arrivée à Kamouraska, Aurélie demeure chez Pelletier durant une journée et demie. Elle loue finalement une chambre dans un hôtel recommandé par M. Taché, l'auberge Desjardins. On est le 7 décembre 1838. Monsieur

Taché demeurait chez sa mère, non loin de l'auberge. Quinze jours après son arrivée, Taché va rencontrer Aurélie: «Il s'est informé de sa femme et si le docteur Holmes était toujours à Sorel», précise-t-elle.

Quelque temps plus tard, ne sachant ni lire ni écrire, Aurélie demande au fils de l'aubergiste, Honoré Roy dit Desjardins, d'écrire une lettre à Georges Larivé pour préciser qu'elle n'a encore rien fait et qu'elle a besoin d'argent. Aurélie reçoit une réponse, une lettre à l'attention de Mary Smith, qui contient ceci: «Il m'envoyait cinq piastres. Henriette Desjardins, la soeur d'Honoré me lut la lettre. Je ne sais pas lire. Il disait que l'argent était rare, que la tante Josephte [madame Taché] espérait que je réussirais dans mes démarches.»

Le 3 janvier 1839, Achille Taché se rend à l'auberge, en compagnie d'un médecin du nom de Michaud. Dans son témoignage, Aurélie mentionne que Taché est alors en état d'ébriété. Taché lui demandant quand elle comptait quitter la région, elle répond vouloir partir d'ici quelques jours, mais qu'elle doit auparavant se rendre à Saint-Pascal. Taché insiste alors pour la conduire en carriole à ce village.

Le lendemain soir, entre 5 et 6 heures, Taché se rend à l'auberge pour prendre Aurélie et l'amener à Saint-Pascal:

> Il était pris de boisson et me demanda si j'en
> avais. Je lui dis que j'en avais dans ma valise à

l'auberge. Il me demanda si je voulais, au retour, aller chercher ma boisson et lui en donner mais en dehors de l'auberge. Il me rappela ma promesse. Je fus chercher mes deux bouteilles et mon petit pot de fer-blanc. Je vidai du brandy dans le petit pot, et il insista pour que j'en prenne avant lui, ce que je fis. Il me demanda alors d'en ajouter. C'est alors que je versai environ une cuillerée à thé de poison. Trois minutes plus tard il se sentit mal et se mit à vomir. Il demanda de l'eau. Il dit que cela était dû à la quantité de boisson qu'il avait bue et à la galette chaude qu'il avait mangée. Il me donna la main et me dit qu'il me reverrait le lendemain. Il partit. Je jetai le contenu de la fiole dans la neige. Le lendemain matin, monsieur Desjardins me dit que je devais partir le jour même de chez lui.

Mais Aurélie rate complètement son coup, car Éléonore Taché reçoit une lettre de sa belle-mère précisant que son fils se porte merveilleusement bien. Furieux, Holmes reproche à Aurélie de ne pas avoir suivi ses instructions et de ne pas avoir versé toute la fiole qui contenait de l'arsenic et du brandy. Le médecin prend finalement la décision de régler lui-même l'affaire et quitte Sorel en carriole le 26 janvier 1839. Dans son édition du mercredi 20 février 1839, le journal *Le Canadien* rapporte une nouvelle intitulée *Assassinat de M. Achille Taché, seigneur de Kamouraska*. Voyons ce que raconte cet article sur ce drame.

171

On relate que M. Taché, âgé de vingt-six ans, demeurait avec sa mère depuis le printemps de 1838, dans une maison située à environ un quart de lieue de l'église paroissiale; la famille d'Achille Taché se trouvait à Sorel depuis seize mois.

Le 31 janvier 1839, vers les quatre heures de l'après-midi, un étranger s'arrête à l'auberge de Wood, située à quelques arpents de l'église de Kamouraska. Il fait dételer son cheval et ordonne qu'on lui prépare à manger. En attendant son repas, il se rend à pied plus loin que l'église. Rencontrant un jeune homme, l'étranger s'informe du lieu de résidence de madame Taché, la seigneuresse de l'endroit, et demande si son fils s'y trouve. Le passant lui indique alors où demeure Achille Taché et l'étranger retourne à l'auberge.

Vers six heures et demie, il fait préparer sa carriole et dit à la propriétaire de l'auberge qu'il se rend à Saint-Pascal, en passant par le village de Saint-André, et qu'il sera de retour dans deux ou trois jours. Sur sa route, il croise la carriole de M. Achille Taché, revenant d'une visite d'un ami malade. L'étranger reconnaît Taché, précise qu'il vient de Sorel et qu'il a des nouvelles de sa famille à lui transmettre. Heureux de la rencontre, Taché descend de sa carriole pour monter dans celle de l'étranger qui continue sa route.

Durant la soirée, inquiète que son fils ne soit pas encore de retour, la seigneuresse questionne son domestique sur son absence. Le lendemain, le vendredi 1ᵉʳ février, son fils n'étant pas encore de retour, madame Taché demande qu'on aille vérifier s'il se trouve chez un ancien condisciple à Rivière-Ouelle, un ami qu'il visite souvent. Le samedi 2 février, on est très inquiet et le journaliste du *Canadien* écrit:

> M. Taché n'ayant point reparu et des habitants de Kamouraska, venant de Sainte-Anne, ayant dit qu'un étranger avait couché dans la nuit du 31 janvier au premier février dans une auberge à Sainte-Anne, que sa voiture était pleine de sang et sa peau de carriole aussi couverte de sang, qu'ils avaient vu des traces de sang dans l'anse de Kamouraska jusqu'à une petite distance d'une maison que M. Achille Taché avait au-dessus de l'église, l'alarme se répandit et on se mit à la recherche d'un jeune homme qu'on ne douta plus avoir été assassiné.

Au matin du dimanche 3 février, le drame pressenti est découvert: le corps d'Achille Taché, portant des marques à la tête, est retrouvé sur les battures de Kamouraska. Lors de l'examen du corps, fait par le docteur Douglas, deux balles furent trouvées dans la tête du jeune homme. Le journal *Le Canadien* conclut son reportage en indiquant qu'on aurait une idée de l'identité du meurtrier:

> D'après le signalement donné de la personne que l'on supposait avoir commis le crime et

avec qui M. Taché s'était embarqué, les soup-
çons se portèrent sur le docteur Holmes de
Sorel, compagnon de collège de M. Achille
Taché. On a donné à sa poursuite d'abord jusqu'à Sorel où on est arrivé le 7 courant, là on
apprit que le docteur Holmes s'était absenté du
village, où il demeurait, depuis le 22 janvier au
5 février, et dans la nuit du 5 au 6 du courant à
l'arrivée de la poste il s'était enfui en toute hâte,
prenant la route des États-Unis. La poursuite a
été continuée jusqu'à Saint-Ours où on a
trouvé son cheval, sa carriole et ses peaux
encore teintes du sang de sa victime [...]. Le
temps fera connaître sans doute la cause de ce
meurtre atroce inouï dans les annales du pays.

Holmes est aux États-Unis et l'enquête criminelle a
lieu du 5 au 28 février 1839. Éléonore va consulter un
avocat de Montréal, le 7 février, et, à son retour, à
Lavaltrie, elle est arrêtée et ramenée à la prison de
Montréal; on l'interroge du 11 au 21 février. Elle est
gardée en prison et on l'accuse du meurtre de son
mari. On la libère sous caution le 27 février, car elle est
malade et crache le sang.

Éléonore va subir un procès en 1841 et Sylvio
Leblond le commente ainsi:

Le juge en chef s'adressa aux jurés, faisant
remarquer que le seul témoignage soutenant
l'accusation était celui d'Aurélie Prévost,

témoignage à peser avec circonspection, et soutint qu'il n'était pas dénué de contradictions. Il recommanda l'acquittement. Les jurés, sans sortir de leur boîte, rendirent un verdict de non-culpabilité [...]. Le procès n'avait duré que la journée du 21 septembre 1841. Ce dont on accusait Mme Taché remontait au 4 janvier 1839, soit deux ans et neuf mois plus tôt [...]. Joséphine-Éléonore d'Estimauville, veuve Achille Taché, épousa à Québec, le 18 mai 1843, le notaire Léon-Charles Clément, et alla vivre aux Éboulements. Son mari fut député de Charlevoix de 1867 à 1871. Il mourut le 27 août 1882. Joséphine-Éléonore décéda à Montréal le 24 juin 1893, et fut inhumée aux Éboulements. Elle avait soixante-dix-sept ans.

Et Georges Holmes? Il se réfugie à Burlington, au Vermont, où il réside dans un hôtel. Deux officiers de Montréal le retrouvent et on le met en prison à Burlington. On tente d'obtenir l'extradition, mais les lois à ce sujet ne sont pas claires. Le gouverneur du Vermont propose de s'adresser au Congrès des États-Unis pour étudier la question. Finalement, en janvier 1840, Holmes est libéré et la justice d'ici ne peut rien faire. Après cette date, on perd toute trace de ce personnage.

UN CURÉ HAÏSSABLE

Le curé Louis Nau ne va pas seulement donner de sérieux maux de tête à ses patrons, mais il trouve l'énergie nécessaire pour réussir à se mettre à dos la population partout où il exerce ses fonctions. Comme le souligne Jean-Jacques Lefebvre qui a étudié le cas de ce personnage:

> Il peut paraître singulier que l'abbé Nau, une fois ordonné, ne semblât faire qu'un an ou deux aux diverses paroisses et cures où il passa [...]. Cela devient moins étonnant lors-qu'on observe que son évêque, dès l'époque de sa première nomination, prend soin de noter dans son avis au curé que le nouveau desservant [Nau] demande d'être surveillé[81].

Louis Nau naît le 15 septembre 1799 à Lanoraie. Après des études classiques terminées en 1825, il va au Grand Séminaire de Montréal; il est ordonné prêtre le 25 mars 1829 par Mgr Panet, l'archevêque de Québec[82].

En septembre 1829, il est nommé vicaire à Saint-Jacques-de-l'Achigan. Après seulement trois mois, le voici en chicane avec le curé Jean-Romuald Paré et il est donc rapidement retiré de cette paroisse pour se retrouver vicaire à Maskinongé.

En janvier 1831, après seulement un an, le curé de Maskinongé, Louis Marcoux, se plaint à l'évêque qu'il ne peut plus souffrir la présence de Nau. Marcoux écrit qu'il préfère «s'en passer que d'en avoir un de cette trempe». Après enquête, le rapport du grand vicaire confirme que Nau s'est conduit «envers le curé et ses paroissiens d'une manière fort imprudente». Il est envoyé quelques mois à Saint-Benoît, puis quelques mois comme vicaire à Saint-Hyacinthe.

Malgré tout, Nau est promu curé de la paroisse de Sainte-Madeleine-de-Rigaud le 27 février 1832, succédant à M. Hyacinthe Hudon, le futur vicaire général de Montréal. Le pouvoir et les nominations excitent et perturbent à l'occasion les neurones de certains individus et il semble que ce soit le cas du curé Nau. Que fait-il cette fois-ci? Le biographe Chabot nous en donne un aperçu:

> Un mois seulement après son entrée en exercice, ses marguilliers lui reprochent d'être arrogant et de vouloir administrer seul les biens de la fabrique. Le conflit s'envenime et s'étend à toute la paroisse lorsque, en 1833, Nau menace de poursuivre en justice tous les paroissiens qui ne paieront pas les frais rattachés au culte. À la fin de l'année, des pétitions qui exigent le rappel immédiat du curé sont envoyées à l'évêque de Montréal. En outre, certaines des ouailles de Nau lui font un charivari et n'hésitent pas à le pendre en effigie devant son presbytère. Souhaitant éviter le pire, Mgr Lartigue somme Nau de quitter les lieux. En janvier 1834, à la suite des sollicitations répétées de Mgr Joseph Signay, archevêque de Québec, il envoie Nau à Saint-Jean-Baptiste-de-Rouville. Entier et intransi-

geant, celui-ci fait d'abord fi des ordres de l'évêque, et ce n'est que cinq mois plus tard qu'il s'installera dans sa nouvelle paroisse. Un premier affrontement vient donc d'opposer Mgr Lartigue, qui considère que ce prêtre est un éternel importun, et Nau qui ne veut plus faire acte de soumission à son évêque.

Loin de se calmer, Nau persiste dans son arrogance et multiplie les insolences, relate Chabot:

> Mais c'est le conflit qu'il vivra à Saint-Jean-Baptiste-de-Rouville qui lancera Nau dans une lutte contre l'évêque de Montréal et fera de lui un prêtre maudit. À peine installé, Nau voit encore son autorité contestée par ses marguilliers. De plus, en 1834 et en 1835, on l'accuse entre autres choses d'avoir injurié le seigneur du lieu, Jean-Baptiste-René Hertel de Rouville, et de s'en être pris en chaire à plusieurs gens de la paroisse [...]. Des pétitions sont encore envoyées à l'évêque de Montréal, notamment en 1836, et une fois de plus on pend Nau en effigie. Irrité et las de ces querelles, Mgr Lartigue s'empresse de réagir. En août de cette année-là, il ordonne à son curé de se rendre à la paroisse Saint-Valentin [...]. Le 24 octobre [Nau est déjà remplacé par le nouveau curé Lafrance], le nouveau curé ordonne à Nau de quitter le presbytère où il s'est barricadé, mais en vain. Puis le 3 novembre, à l'évêché de Montréal,

Nau comparaît devant un tribunal ecclésiastique qui le suspend de ses fonctions sacerdotales. Malgré cette condamnation, il se réinstalle dans son presbytère [...]. Au début de l'année 1837, certains collaborateurs de Mgr Lartigue et du curé Lafrance décident de prendre d'assaut le presbytère. Armés de pieux et de bâtons, ils réussissent à chasser le curé rebelle, qui parvient quand même à se cacher chez l'un de ses amis de la paroisse.

Nau est sans limite et, en 1837, il intente deux poursuites enregistrées à la Cour du banc du roi, l'une réclamant 600 livres au curé Lafrance et l'autre de 2 000 livres contre Mgr Lartigue. Il va finalement perdre ses procès et c'est en 1842 qu'il promet au nouvel évêque, Mgr Ignace Bourget, que son comportement sera plus pacifique. Il ne donnera cependant pas suite à son engagement verbal, car il fuit aux États-Unis en 1843 pour ne plus jamais revenir.

La convention collective de Peter McLeod

Les dirigeants des organisations syndicales d'aujourd'hui auraient beaucoup de pain sur la planche s'ils avaient à négocier une convention collective avec le célèbre entrepreneur forestier qui a régné à Chicoutimi au milieu du siècle dernier. Les conditions de travail des employés de McLeod ne sont pas celles d'un paradis terrestre. Le mythique *bon vieux temps* a parfois des odeurs de sang.

Peter McLeod (fils) est natif de la région du Saguenay vers 1807. Entre 1827 et 1836, son père, Peter, possède des entreprises d'exploitation forestière dans Charlevoix et demeure un important fournisseur de William Price. En 1836, Peter, le fils, prend la relève[83].

McLeod est intimement lié à la naissance de la ville de Chicoutimi et de la colonisation du Saguenay; il construit des scieries à la Rivière-du-Moulin et à la rivière Chicoutimi. En 1845, un rapport rédigé par l'arpenteur Ballantyne donne une description sommaire du lieu:

> À la rivière du Moulin étaient regroupés une scierie, un quai, une chapelle, la maison de Peter McLeod, avec le magasin général, les étables et la boutique de forge ainsi qu'une vingtaine de petites maisons en bois rond appartenant à la société. À la rivière Chicoutimi se trouvaient une scierie, un quai, un magasin à trois étages, une douzaine de propriétaires résidents, les fondations d'un moulin à farine, des terrains en culture, une écluse et de grandes dalles conduisant l'eau au mécanisme d'engrenage de la scierie.

Je ne suis pas convaincu que la population d'aujourd'hui accepterait de vivre dans un système économique dont les règles du jeu sont également imposées par celui qui a le pouvoir de donner du travail. Le biographe Gagnon décrit ce système:

Le magasin général, le seul de l'endroit [Chicoutimi], vendait de tout, depuis la farine et les vêtements jusqu'aux chapelets et aux outils forestiers. Tous les samedis, les colons-bûcherons se rendaient ainsi au magasin pour se procurer les biens de consommations essentiels aux besoins de la famille. Entre 1839 et 1878, l'usage voulait que ces marchandises soient payées en pitons [sorte de bons de commande délivrés au porteur et échangeables uniquement au magasin ou au bureau de la compagnie] ou encore portées au compte. Non seulement ce système de paiement facilitait l'endettement et l'emprise de la compagnie sur la collectivité locale, mais encore il favorisait l'exercice d'une double exploitation dans la mesure où l'employeur fixait lui-même à la fois le salaire à payer et le prix des marchandises. McLeod, à titre de gérant du Saguenay, assura l'application de ce système.

Voilà pour le système économique imposé à la communauté. Voyons maintenant les conditions de travail des employés. On va le constater, la *convention collective* n'a pas à être négociée durant des mois dans des hôtels de luxe. Les archives conservent une note écrite par McLeod datée du 3 décembre 1846 et remise à un de ses contremaîtres, Damase Boulanger. Cette note s'intitule *Mémoire pour la discipline dans les chantiers:*

Une amende de 5 $ par jour pour jours chômés, maladie, etc. Les provisions qui seront

181

données pour les chantiers seront du pain, des biscuits, du lard, du poisson et des pois. J'espère que tout le monde sera content de cette nourriture. Je n'ai promis rien de plus. Tout homme qui désobéira aux ordres ou ne donnera pas satisfaction sera congédié immédiatement et il n'aura pas un seul sou de ses gages, vu qu'il aura manqué de remplir les conditions de son engagement. Je veux qu'il soit bien entendu que tout raccommodage, soit de harnais, sleigh, menoires, emmancher des haches, etc., seront fait le soir après la journée faite. Le temps du travail sera du petit jour le matin jusqu'à la nuit. Il faudra que les hommes partent du chantier avant le jour afin d'être rendus à leur ouvrage aussitôt qu'il fera assez clair pour travailler et ils ne laisseront pas l'ouvrage avant qu'il fasse trop noir pour pouvoir continuer. Chaque homme se fournira de hache à ses propres frais[84].

DE QUOI JE ME MÊLE?

L'histoire amoureuse du couple Scott-Paquet est dramatique et d'une tristesse sans fin tellement l'entourage leur fait la vie dure. Voici, à mon avis, un homme et une femme qui incarnent et proposent un modèle à imiter et qui font la preuve que l'harmonie est possible malgré des ingrédients divisant normalement les humains: la religion, la politique et la culture.

William Henry Scott naît en Écosse le 13 janvier 1799. Son père établit la famille à Montréal vers 1800. En 1829, William Henry va à Saint-Eustache pour y exploiter un magasin général. Dès 1830, il s'intéresse à la politique et il épouse la cause du parti patriote, en menant le combat aux côtés de Louis-Joseph Papineau et de Wolfred Nelson. En 1834, il vote en faveur des célèbres *92 résolutions* qui dénoncent en particulier la manière dont la minorité anglaise gouverne. Lors de la rébellion de 1837, il ne craint pas de plonger dans le feu de l'action:

> Scott, alors riche marchand de Saint-Eustache et député aimé de ses commettants, devint l'un des chefs naturels de son village d'adoption. Mais même si, pendant toute la genèse de la rébellion, il avait proféré des paroles violentes à l'égard des autorités, il restait un ferme partisan du non-recours à la force des armes. Voyant que les choses menaçaient de tourner au désastre à Saint-Eustache, il tenta, avec l'appui du curé Jacques Paquin, d'apaiser l'ardeur combative de ses amis Jean-Olivier Chénier et le général Amury Girod, mais en vain [...]. Scott se trouvait désormais dans une situation intenable. Sa tête mise à prix par lord Gosford, le 1er décembre 1837, d'une part, et, menacé d'un procès pour trahison par les patriotes eux-mêmes, d'autre part, il n'avait d'autre choix que de fuir. De fait, Scott quittait Saint-Eustache dans le plus grand secret. Il se rendit d'abord chez son frère Neil à

Sainte-Thérèse-de-Blainville. Puis caché dans un tonneau vide, il gagna Montréal où, le 19 décembre, il fut capturé et incarcéré à la prison de l'endroit. Entre-temps, sa résidence et son magasin furent mis à sac au cours de la bataille de Saint-Eustache. Inculpé de haute trahison envers le gouvernement, il ne fut libéré que le 10 juillet 1838[85].

Parallèlement à son engagement public, M. Scott souhaite bien trouver une solution au drame de sa vie amoureuse et familiale. En 1829, il voulait épouser officiellement sa conjointe, Marie-Marguerite Paquet, mais le curé Paquin avait refusé l'union d'une catholique et d'un presbytérien. Les années avaient passé, les enfants étaient là, il fallait faire quelque chose, note le biographe Jacques Gouin:

William-Henry Scott commença sérieusement à s'occuper de régulariser sa liaison avec Mademoiselle Paquet, mère de ses cinq enfants. Dès 1845, en effet, il faisait venir un jésuite, le Père Félix Martin, recteur du Collège Sainte-Marie de Montréal, afin de mettre fin à une situation qui, certes, ne devait guère être confortable pour un homme public. Malheureusement, cette première démarche sérieuse s'avéra infructueuse, à cause de l'intransigeance des deux protagonistes: le jésuite tenait à tout prix à ce que Scott s'engageât par écrit à faire élever ses enfants dans la religion catholique, alors que celui-ci, bien que consentant à ce que ses enfants optent pour la religion de leur choix, ne voulait absolument pas les contraindre ni dans un sens ni dans l'autre.

Scott ne peut voir son rêve légitime se réaliser qu'en 1851 dans des circonstances que je vous laisse juger: «L'avant-veille de sa mort, William-Henry Scott était parvenu à faire fléchir l'évêque de Montréal, Mgr Ignace Bourget, de sorte que son mariage avait enfin été célébré et que ses cinq enfants avaient été légitimés», souligne Gouin. À la suite d'une épuisante compagne électorale, il devient très malade le 15 décembre 1851 et c'est sur le lit de mort de l'époux que la cérémonie de mariage se déroule. Voici l'acte officiel publié dans *The Lower Canada Jurist*:

Aujourd'hui, le seize décembre mil huit cent cinquante et un, vu la dispense de toute publication de mariage, ainsi que celle du temps prohibé par l'église, accordée par Mgr Ignace Bourget, évêque de Montréal, comme il appert par sa lettre en date de ce jour, nous prêtre vicaire soussigné, autorisé à cet effet, avons assisté comme témoin au consentement de mariage donné et reçu par William-Henry Scott, écuyer, marchand [...] et dame Marie Marguerite Maurice Paquet [...]. Les parties contractant ont signé avec nous, et ce, après avoir obtenu de la partie protestante ce qui est exigé de la Cour de Rome en pareille circonstance. Lesdits époux reconnaissent par le présent acte, pour leurs enfants légitimes Henry William, âgé de vingt ans; Nicolas, âgé de dix-sept ans; Caroline, âgée de quinze ans; James, âgé de quatorze ans; et François Henry, âgé de douze ans[86].

La nouvelle mariée du 16 décembre 1851, qui devient veuve le 18 décembre, n'aura même pas le temps de digérer autant d'émotions que déjà sa belle-soeur, Ann Scott, joue la rapace et l'emmerdeuse en contestant ce mariage devant les tribunaux. Le chercheur Gouin émet l'hypothèse du «sectarisme religieux» ou celle de «l'appât de la succession», car, en mars 1849, le gouvernement avait voté une loi pour dédommager les victimes de la rébellion de 1837 et son frère avait reçu une somme importante. Son acharnement va lui coûter très cher, car elle perd sa cause: «D'abord devant la Cour supérieure du Bas-Canada en 1854, signale Gouin, puis devant la Cour du banc de la reine du Bas-Canada en 1857 et enfin jusque devant le Conseil privé à Londres en 1867.»

LA BOURDE *ROYALE* DU JOURNALISTE GUITTÉ

En août 1860, Albert Édouard, prince de Galles, héritier du trône d'Angleterre, fait une visite officielle à Saint-Hyacinthe et le journaliste du journal local qui couvre l'événement va écrire des commentaires déplacés sur le prestigieux visiteur. Embarrassées, de nombreuses personnes portent plainte et Guitté doit présenter des excuses le 4 septembre 1860.

Pierre-Joseph Guitté est natif de France et la date de son arrivée au Québec est inconnue; il est imprimeur, éditeur de journaux et journaliste. En 1846, il est l'imprimeur d'un journal de Berthierville, *L'Écho des campagnes*. Avec Alexandre Grandpré, il fonde le *Courrier de Saint-Hyacinthe* le 24 février 1853. Associé de Wilfrid Laurier, il fonde *Le Défricheur* en 1866; après 1867, on perd la trace de ce personnage[87].

Publiés dans *Le Courrier de Saint-Hyacinthe*, le 31 août 1860, les propos déplacés écrits par Guitté sont les suivants:

> LE PRINCE n'est pas, tant s'en faut, joli garçon dans l'acceptation ordinaire du mot. Un nez trop long, légèrement courbé, des yeux d'un bleu pâle sans éclats, une apparence tout à fait juvénile, lui donnent un caractère d'insignifiance assez prononcée. Sa démarche est quelque peu gracieuse. Somme toute, nous nous attendions à quelque chose de mieux.

On s'attendait aussi à *quelque chose de mieux* de la part du journaliste et, le 4 septembre suivant, le journal doit présenter des excuses publiques:

> Tout le monde nous a fait de sanglants reproches, pour la partie de notre article de vendredi, sur la réception du prince de Galles à Saint-Hyacinthe, dans laquelle nous avons parlé du prince même.

Le langage que nous avons tenu est regardé comme inconvenant et de nature à faire accuser notre population de manque de savoir-vivre. La population a fait voir par ses démonstrations de bienveillance et de respect qu'il est regrettable que le seul journal publié dans la localité se soit servi d'un tel langage.

L'article fut écrit à la hâte, afin de rendre compte sans délai nos lecteurs de ce qui s'était passé.

Nous avons depuis relu cette partie de l'article, et nous sommes des premiers à regretter que des paroles si peu convenables aient été écrites et imprimées.

Nous n'hésitons pas à admettre que notre population a raison de nous blâmer et de nous désapprouver fortement. Cet incident que nous regrettons autant que qui que ce soit ne doit pas être imputé à nos concitoyens, et nous espérons que la satisfaction générale quant à la manière dont la démonstration a été conduite, fera oublier notre faute et notre seule faute.

UN RÈGLEMENT DE COMPTES

Dans le feu de l'action et du combat des idées, des dérapages sont toujours possibles. L'idéal est de se limiter à attaquer les idées qu'on ne partage pas avec autrui, mais il est grandement tentant à l'occasion de s'en prendre à la vie personnelle de son opposant.

Jouer *en bas de la ceinture* peut toutefois mener loin. Elzéar Gérin et Jean-Baptiste-Éric Dorion vont s'adonner à ce sport extrême et leur attitude soulève cette éternelle question: pourquoi deux personnalités aussi intelligentes choisissent-elles de descendre aussi bas et de le faire publiquement?

Elzéar Gérin est né à Yamachiche le 14 novembre 1843. Journaliste, avocat et politicien, il est une personnalité publique. D'abord journaliste à Québec, il devient, en 1866, le rédacteur du journal *Le Canada* dont les bureaux sont à Ottawa. Vers 1868, il est avocat à Trois-Rivières et, en 1871, il devient le député provincial du comté de Saint-Maurice. Il décède à Montréal le 19 août 1887, à l'âge de 43 ans[88].

Jean-Baptiste-Éric Dorion, surnommé *l'enfant terrible*, naît le 17 septembre 1826 à Sainte-Anne-de-la-Pérade. Journaliste, agriculteur et politicien, il participe, en 1844, à la fondation de l'Institut canadien à Montréal et il prône le développement de l'agriculture dans les Cantons de l'Est. Il est un anticlérical acharné, estimant que le clergé abuse de son pouvoir. En 1854, il est député de Drummond et d'Arthabaska et fonde le journal *Le Défricheur*. Il décède d'une crise cardiaque le 1er novembre 1866[89].

Voyons donc les faits de cette vendetta. Visiblement, Dorion n'a pas du tout apprécié les attaques de Gérin qui, dans un article publié le 25 juillet 1866 dans *Le*

Défricheur, dénonce son anticléricalisme et invite la population à le rejeter:

> La population est très catholique, très atta-
> chée à son clergé au point d'être aveugle sur
> les écarts! Si nous pouvons seulement lui faire
> croire que cet *enfant terrible* [Dorion] veut
> détruire l'église en détruisant son clergé,
> nous aurons gagné! La population le rejet-
> tera; elle le lapidera partout où il se présen-
> tera et la politique bleue [Dorion est libéral]
> triomphera dans tous les endroits où il peut
> exercer un peu d'influence! Frappons-le donc
> par devant, par derrière surtout, en plein
> jour, mais plutôt dans l'ombre! De toutes ces
> blessures il restera toujours quelque chose!

Le journal de Dorion, *Le Défricheur,* va donner la riposte à Gérin. Il est cependant impossible d'affirmer que l'auteur du texte de la riposte est Dorion, car ce texte est publié sous le pseudonyme de *Pique Dur.* Et ce *Pique Dur* joue dur en rappelant à Gérin qu'avant de faire la morale aux autres, il pourrait peut-être aller à la messe le dimanche et éviter de fréquenter des femmes dont la réputation est douteuse:

> Mais revenons à nos brebis, car, voyez-vous,
> il s'agit de brebis dociles, soumises, dont cha-
> cune s'arroge même le droit d'enseigner les
> bonnes doctrines. Ce sont des agneaux, de
> ces bons agneaux auxquels il doit être permis,

sans doute, *de bondir comme des béliers* sur la verte pelouse.

Donc, c'était hier, dimanche matin, à l'heure de la grande messe. Oui, c'est bien ça, car des fois j'en doute, mais je ne me trompe pas... Oh! non, c'était bien ça!

Je vis descendre au bord de l'eau, en face de la basse ville d'Outaouais, un monsieur, puis un autre, puis un troisième, puis un quatrième, tous des personnages que je connaissais. Ils étaient dans l'ordre suivant:

1. M. Royal, écrivain de mérite, écrivain à bons *principes,* écrivain religieux surtout, connu, bien connu!

2. M. E. Gérin, rédacteur du Canada, organe des *bons principes* dans la Capitale!

3. M. Provencher, rédacteur de la sainte et dévote *Minerve.* Oh! c'était bien lui, pas moyen de s'y tromper. Son bec pincé et son nez étaient là!

4. M. McLeod, rédacteur du *Journal des Trois-Rivières,* du grand journal de l'église...

Pas de mal à cela! Rien de plus naturel que les piliers des *bons principes* se réunissent le dimanche pour sanctifier ce jour à leur manière [...]. De nos jours, il y a tant de mauvais esprits par le monde qu'il faut bien que les hommes à *bons principes* soient toujours sur le *qui-vive*! [...] Mais je m'éloigne de mes agneaux, revenons donc à eux.

Voici: derrière eux ou avec eux se trouvaient deux des actrices de la compagnie française du théâtre de New York, qui se trouvaient à Ottawa en passant.

Allons, me dis-je, pour des gens d'église voilà drôle de compagnie, à l'heure de la grande messe, un dimanche matin!

Est-ce par hasard, ces gens à *bons principes* auraient une permission spéciale pour aller au théâtre, faire connaissance avec les actrices et aller en partie de campagne avec elles pendant la grande messe?

Non, non! cela n'est pas possible, ajoutai-je. L'église défend les théâtres aux *bleus* comme aux *rouges* et cette démarche de quatre personnages de la presse conservatrice, religieuse, Tory, ne me démontre qu'une fois de plus combien on abuse de la bonne foi de notre population [...]. Je termine en vous disant que nos grands rédacteurs à grands principes religieux traversèrent de l'autre côté de la rivière où ils passèrent la journée en pique-nique avec les actrices, ayant perdu à mes yeux beaucoup de leur autorité pour prêcher les bonnes doctrines politiques dans le Bas-Canada.

Il fallait s'y attendre, l'affaire n'en reste pas là et on en vient malheureusement aux coups, déplore le biographe Sylvain:

> L'occasion s'en présenta lorsque, le mardi soir 31 juillet [1866], Dorion se rendit à la bibliothèque du parlement [Ottawa]. Gérin était déjà sur place et il s'ensuivit entre les deux hommes une violente altercation, qui dégénéra en une empoignade qui eût pu être fatale au cardiaque Dorion, si des tiers ne s'étaient pas interposés pour y mettre fin. De retour à l'Assemblée, Dorion se réclama, en sa qualité de député, du privilège de l'immunité. Gérin fut donc arrêté et mis à l'ombre sur la colline parlementaire [...]. Sa réclusion prit fin une semaine plus tard, à la clôture de la session.

L'AFFAIRE GUIBORD

Victime de la guerre féroce, très féroce même, que mène Mgr Ignace Bourget contre l'organisme et les membres de l'Institut canadien de Montréal, Joseph Guibord va devoir être enterré dans le cimetière protestant, en attendant que les vivants décident s'il pourra reposer en paix dans le cimetière catholique. Toute une histoire, cette affaire Guibord, et il est frustrant surtout de devoir trop brièvement décrire cette saga. Pour en connaître tous les détails, je vous recommande la lecture du livre de Théophile Hudon: *L'Institut canadien de Montréal et l'affaire Guibord*.

Joseph Guibord naît à Sainte-Anne-de-Varennes le 31 mars 1809; le 2 juin 1828, à Montréal, il épouse Henriette Brown. Guibord est typographe et imprimeur, mais aussi, et malheureusement pour lui, un membre de l'Institut canadien: «Autour de sa dépouille mortelle, se livra la dernière et la plus féroce bataille entre l'école libérale de l'Institut canadien de Montréal et l'école ultramontaine de Mgr Ignace Bourget», relate Jean-Rock Rioux, dans sa recherche publiée dans le *Dictionnaire biographique du Canada*.

Il a été question, dans le cas précédent, de Jean-Baptiste-Éric Dorion, l'un des fondateurs de l'Institut canadien de Montréal. À l'époque, il tient publiquement un discours anticlérical très affirmé. Le biographe Sylvain conclut ceci:

> Pour lui, le clergé est essentiellement ennemi de toute réforme, car, par un singulier paradoxe, il est trop attaché à ses dîmes. Les prêtres n'enseignent-ils pas le mépris des biens de la terre? Alors comment expliquer qu'ils ne songent qu'à acquérir des richesses?

Bref, selon Dorion, il faut enlever du pouvoir à ceux qui contrôlent le système seigneurial et au clergé, ces deux forces maintenant le peuple dans la soumission et l'ignorance. En 1844, Dorion participe à la fondation de l'Institut canadien de Montréal qui occupe alors un édifice de la rue Notre-Dame. Le but est de donner à la population un *lieu* ouvert aux idées nouvelles et stimulant le goût de la lecture, des arts et des conférences. En 1868, la bibliothèque possède 7 724 volumes et 75 journaux; vers 1864, on dénombre environ 750 membres.

Mgr Ignace Bourget devient un ennemi juré de cette organisation. Dans des lettres pastorales écrites en 1858, il accuse l'Institut de faire circuler «des livres contraires à la foi et aux mœurs». Il ordonne aux membres «que si, déjà, de mauvais ouvrages se trouvent dans la bibliothèque de l'Institut, vous devez, en conscience, faire tous vos efforts pour les faire disparaître». Suite aux menaces de l'évêque, certains quittent l'organisation, mais d'autres, précise Hudon, continuent la mission et donne la réplique à Mgr Bourget:

> L'Institut a toujours été et est seul compétent à juger de la moralité de la bibliothèque et [...] est capable d'en prendre l'administration sans l'intervention d'influences étrangères et [...] le comité de régie suffit à gérer les affaires de l'Institut et voir à l'administration de la bibliothèque.

Finalement, devant les attaques répétées de Mgr Bourget, l'Institut loge une plainte à Rome, considérant que l'évêque va trop loin. En juillet 1869, un décret du Saint-Office donne raison à Mgr Bourget qui, avec ces nouvelles munitions, décrète que les livres de l'Institut sont mis à l'index et interdit à la population d'en devenir membre: «En conséquence, écrit l'évêque, celui qui persiste à vouloir demeurer dans ledit Institut ou à lire ou seulement garder le susdit annuaire, sans y être autorisé par l'Église, se prive lui-même des sacrements à l'heure de la mort.»

Joseph Guibord décède le 18 novembre 1869 et le biographe Rioux relate le triste sort qui attend ce personnage:

> Il était alors membre de l'Institut canadien. Dans l'un des documents certifiés, expédiés au cardinal Alessandro Barnabo, Louis-Antoine Dessaulles soutient qu'à son chevet Joseph Guibord reçut l'absolution et la communion. Cependant, écrit-il, «le confesseur apprenant que Guibord est membre de l'Institut revient en toute hâte lui dire qu'il n'aurait jamais dû lui donner l'absolution et exige sa résignation comme membre». Le refus de ce dernier en fit, aux yeux des autorités religieuses, un révolté et un pécheur public, le privant ainsi de cérémonie religieuse et d'inhumation en terre bénite. Cet anathème souleva la colère des membres de l'Institut canadien qui incitèrent alors Henriette Brown à poursuivre devant les tribunaux le curé et les marguilliers de la paroisse Notre-Dame. Célèbre et malheu-

reuse cause qui ne se termina qu'en 1874. À ce moment, le Conseil privé de Londres ordonna d'inhumer Guibord au cimetière de la Côte-des-Neiges [...]. Pour sa part, Mgr Bourget, usant de son pouvoir [...] déclara le lieu de sépulture à jamais «interdit et séparé du reste du cimetière». Et l'évêque d'ajouter: «Là repose un Révolté que l'on a enterré par la force des armes.»

DÉFAIT, LE MAIRE DE QUÉBEC SE BARRICADE

Le 2 mai 1870, Adolphe Tourangeau, le maire défait aux élections de la ville de Québec, n'accepte pas la perte de son poste et, en signe de protestation, il décide d'occuper illégalement l'hôtel de ville. Le 4 mai, on le force à quitter le palais de la démocratie municipale[90].

Adolphe Tourangeau naît à Québec le 15 janvier 1831. En 1855, en plus d'être notaire, il est agent d'assurances et s'intéresse au monde des affaires. Après avoir fait de la politique municipale, il devient le député fédéral du comté de Québec-Est, de 1870 à 1874. Il décède à Québec le 9 octobre 1894.

Sur la scène municipale, M. Tourangeau est conseiller du quartier Saint-Roch, du 20 janvier au 3 juillet 1863. En juillet, on le nomme maire pour remplacer Thomas Pope décédé en juin. Aux élections de 1870, le gouvernement vote une loi changeant le mode d'élection du maire et cette nouvelle loi ne semble pas plaire à M. Tourangeau, comme le relate le biographe Yves Hébert :

> Le 10 janvier 1870, Tourangeau amorça un deuxième mandat à la mairie de Québec, qui allait se terminer le 2 mai suivant. Peu après son entrée en fonction, un projet de loi présenté à l'Assemblée législative de la Province de Québec et qui visait à modifier les règlements du conseil municipal était accepté et mis en vigueur. Tourangeau devait donc briguer de nouveau les suffrages avec ses conseillers, en conformité avec cette nouvelle loi, mais contrairement aux années précédentes il appartenait désormais aux conseillers de choisir le maire. Tourangeau refusa d'abord, au début d'avril 1870, de signer les listes électorales sous prétexte qu'elles n'avaient pas été révisées. Il se présenta ensuite dans le quartier Saint-Roch, fut élu conseiller puis, subrepticement, au moment de la proclamation des élus le 2 mai, il prit possession de l'hôtel de ville avec quelques conseillers alléguant que l'élection était nulle […]. Tourangeau occupa l'hôtel de ville jusqu'au 4 mai. Le nouveau maire désigné le 2 mai, Pierre Garneau, fit surveiller l'édifice, mais en vain.

Ce fait, pour le moins inusité, fait l'objet d'un article publié dans le journal *L'Opinion publique,* le jeudi 26 mai 1870 :

Notre gravure [illustrant l'endroit] représente la scène dont l'hôtel de ville de Québec a été le théâtre il y a quinze jours. Une élection avait lieu, comme on le sait; de nouveaux conseillers avaient été élus et l'échevin Garneau avait été nommé maire. Mais l'ancien maire, M. Tourangeau, et les anciens conseillers, prétendant que l'élection était nulle, avaient refusé de céder leurs sièges aux nouveaux élus. Ils s'étaient même emparés de l'hôtel de ville et avaient déclaré qu'ils n'en sortiraient que par la force; or ils comptaient évidemment sur la police et le peuple. Mais le gouvernement avait ordonné à la police, qui est maintenant sous son contrôle, d'obéir au nouveau maire, M. Garneau. M. Tourangeau et ses confrères se voyant abandonnés, persistèrent à garder possession de l'hôtel de ville. Les nouvelles autorités municipales décidèrent alors de faire le siège de l'hôtel de ville et de réduire les assiégés par la famine. Ce n'était pas aussi grave que le Siège de Québec en 1759, mais enfin la police devenait embarrassante.

Nuit et jour une garde nombreuse fut placée aux portes de l'hôtel de ville pour intercepter tous rapports entre les assiégés et leurs amis et partisans du dehors. Mille et mille moyens furent inventés pour donner des secours à ces pauvres malheureux dont la figure pâlissait à vue d'œil; ils avaient oublié que pour se renfermer ainsi dans une place forte, il faut avoir de quoi manger; c'est un détail important en temps de guerre. Il y eut des prodiges de courage et d'habileté, paraît-il, pour introduire des vivres dans la place forte; on se servit de ballons, de cerfs-volants, on essaya de faire passer quelqu'un par la cheminée et les lucarnes, on eut même la pensée de creuser un souterrain; mais tout fut inutile.

Il y avait trois jours que les assiégés vivaient avec une bouteille de bière; ils commençaient à se regarder avec des yeux de convoitise et on ne sait à quelle extrémité ils se seraient portés pour assouvir leur faim; plusieurs craignaient qu'on ne trouvât plus que quelques touffes de cheveux lorsqu'on ouvrirait la porte. M. Tourangeau et ses amis, heureusement, se décidèrent à se rendre, à la grande joie de leurs amis et de leur femme et enfants.

LE COUP D'ÉTAT DE LETELLIER DE SAINT-JUST

En voulant se payer un coup d'éclat, Luc Letellier de Saint-Just, le lieutenant-gouverneur du Québec en 1878, va créer un véritable *coup d'État* qui entraînera finalement sa destitution en 1879.

Si ce personnage voulait se rendre célèbre, non seulement dans son pays, mais sur la planète, il a réussi, selon Jean-Charles Bonenfant qui estime que «ce coup d'État de 1878 et les événements qui l'entourèrent constituent peut-être un des épisodes de l'histoire du

Québec et du Canada les mieux connus à l'étranger, parce qu'on en retrouve la mention dans tous les grands ouvrages anglais de droit constitutionnel[91]».

Letellier de Saint-Just naît à Rivière-Ouelle le 12 mai 1820; avant de devenir notaire en 1841, il complète des études au collège de Sainte-Anne-de-la-Pocatière et au Petit Séminaire de Québec[92]. La politique l'intéresse au plus haut point et il y consacre une grande partie de sa vie. Il est ministre fédéral de l'Agriculture quand son chef libéral, le premier ministre Alexandre Mackenzie, le nomme, le 15 décembre 1876, lieutenant-gouverneur de la province de Québec, poste laissé vacant par le décès de René-Édouard Caron.

Le scandale découle de la faute et de l'abus de pouvoir sans précédent de Letellier de Saint-Just et se résume à ceci: parce qu'il n'aime pas un projet de loi voté par le gouvernement, il exige unilatéralement, sans consulter personne, la démission du gouvernement conservateur de Charles-Eugène Boucher de Boucherville. Autant au fédéral qu'au provincial, dans tous les partis, le milieu politique est en état de choc total. À cette époque comme de nos jours, la tradition établie veut qu'un lieutenant-gouverneur joue un rôle symbolique et qu'il n'intervienne pas directement dans les décisions d'un gouvernement démocratiquement élu par le peuple.

En 1878, le gouvernement conservateur de Boucher de Boucherville veut doter la province d'un grand réseau de chemin de fer qui permettrait le progrès économique, et on vote une loi à cet effet: celle sur *le chemin de fer Québec, Montréal, Ottawa et occidental.* Mais voici que le 26 février 1878, le lieutenant-gouverneur exige du premier ministre de lui fournir tous les détails relatifs à cette loi. Le 28 février, le premier ministre se rend personnellement à la résidence du lieutenant-gouverneur, appelée Spencer Wood, pour lui remettre la documentation exigée.

Le 2 mars 1878, le lieutenant-gouverneur fait remettre une lettre au premier ministre dans laquelle il lui fait des reproches sur plusieurs décisions gouvernementales. Il y annonce du même coup qu'il ne signera pas la loi du chemin de fer et demande rien de moins que la démission du gouvernement, comme l'explique Robert Rumilly:

> Le Lieutenant-gouverneur, après avoir mûrement délibéré, ne peut accepter l'avis de M. le premier ministre au sujet de la sanction à donner au *bill du chemin de fer Québec, Montréal, Ottawa et occidental* [...]. Pour toutes ces causes, le lieutenant-gouverneur ne saurait clore ce mémoire sans exprimer à M. le Premier le regret qu'il éprouve de ne pouvoir continuer à le maintenir dans sa position à l'encontre des droits et des privilèges de la Couronne.

Le journal *Le Courrier du Canada* ne tarde pas à crier au scandale et publie un éditorial virulent:

Une nouvelle étonnante s'est répandue dans la cité: la révolution trône en maîtresse à Spencer Wood; Luc Letellier de Saint-Just, lieutenant-gouverneur de la province de Québec, a pris sur lui la responsabilité de démettre le ministère de Boucherville. Jamais les annales parlementaires et constitutionnelles n'ont encore eu à enregistrer un acte d'une telle tyrannie. Aux jours les plus sombres de la révolution française, l'autorité civile ne s'est pas abaissée à ce point.

Le 5 mars 1878, dans le journal *La Minerve,* on écrit ceci:

Les Canadiens ont versé leur sang pour obtenir le gouvernement responsable. Ils ont bravé les boulets, l'exil et l'échafaud pour arriver à un régime constitutionnel qui devait nous rendre arbitres de nos destinées. Quel est celui qui d'une parole a pu détruire tant de labeurs? L'un des nôtres, un Canadien français!

À Ottawa, l'affaire a l'effet d'une bombe. Le premier ministre libéral, Alexander Mackenzie, est embarrassé et une lettre de son collègue Wilfrid Laurier exprime leur état d'âme commun: «Nous sommes d'avis ici que Letellier a tout gâté; son action ne peut être défendue et elle est certainement inconstitutionnelle.»

Les élections fédérales du 17 septembre 1878 reportent au pouvoir le parti conservateur de John A. Macdonald et c'est lui qui va finalement mettre un terme à cette affaire. Le 25 juillet 1879, Luc Letellier de Saint-Just est démis de son poste, précise Rumilly, et il est remplacé par Théodore Robitaille :

> Letellier de Saint-Just se retire, ruiné financièrement et physiquement. À la suite d'une crise cardiaque, en mai 1879, on lui avait administré les derniers sacrements et, depuis lors, il n'avait recouvré que partiellement la santé. Mais l'homme est batailleur. Il envoie sa famille à Rivière-Ouelle, s'installant lui-même à Québec dans la maison d'un ami [...]. Mais sa santé n'est plus à la mesure de son courage. Une nouvelle crise cardiaque le terrasse. Malade, il se retire chez son gendre à Ottawa, puis retourne à Rivière-Ouelle en mai 1880 où il s'éteint le 28 janvier 1881.

Le scandale du Canadien-Pacifique

Le cas de Georges-Étienne Cartier, ex-premier ministre du Canada, touche à l'éternelle question de la possible corruption quand on détient le pouvoir politique et à la question du financement de la caisse électorale occulte. Comment se fait-il qu'un homme réputé aussi intelligent, doté d'autant de talents, ait accepté, à la fin de sa carrière politique, de marcher dans le dangereux sentier d'un prévisible scandale? Chose certaine, la population sera révoltée d'apprendre comment le gouvernement de Cartier a attribué le contrat de la construction d'un chemin de fer au financier montréalais Hugh Allan qui a, en retour, fourni d'énormes sommes à la caisse électorale du parti au pouvoir.

Né à Saint-Antoine-sur-Richelieu, le 6 septembre 1814, George-Étienne Cartier fait des études au Collège de Montréal et devient membre du Barreau le 9 novembre 1835[93]. Cartier va choisir la carrière politique et deviendra l'un des plus importants et des plus puissants personnages du Bas-Canada (Province de Québec). Ses réalisations sont impressionnantes. Des exemples: la défense et l'adoption du Code civil du Bas-Canada; la promotion d'une fédération pour unir les provinces et empêcher l'annexion aux États-Unis (un enjeu fort discuté à l'époque); la protection du Québec en matière d'éducation et de droit civil.

Au moment du scandale, il partageait le pouvoir avec John A. Macdonald et le remplaçait souvent comme premier ministre et comme chef du gouvernement conservateur à la Chambre des Communes. Sa vie matrimoniale est par contre moins heureuse. En l'église Notre-Dame de Montréal, le 16 juin 1846, il épouse Hortense Fabre, une femme issue de la bourgeoisie; trois enfants vont naître de cette union. À partir de 1860, le couple ne fait plus vie commune et il arrive souvent que Cartier participe à des événements publics en compagnie de sa maîtresse, Luce Cuvillier.

Cartier décède à Londres le 20 mai 1873; après le décès de son mari, Hortense Fabre, qui s'était établie en France, ne revint jamais au Canada et meurt à Cannes (France) en 1898.

Né en Écosse le 29 septembre 1810, Hugh Allan s'établit à Montréal en 1826. Avec le temps, Allan va devenir l'un des plus riches hommes d'affaires du pays durant la seconde moitié du XIXe siècle. Il construit un empire financier qui a des intérêts dans tous les domaines: le transport maritime, la télégraphie, les banques, les assurances, les mines, le papier et j'en passe.

Comme le souligne le biographe Brian J. Young, «son expérience des contrats gouvernementaux, ses liens avec d'éminents conservateurs tels que Sir John Alexander Macdonald et sa réputation de principal employeur et de citoyen modèle de Montréal faisaient d'Allan, peut-être le plus gros financier du Canada dans les années 1870, un des candidats désignés pour l'obtention du contrat du chemin de fer du Pacifique».

À l'époque, le grand rêve national est de réunir toutes les provinces, de l'Atlantique au Pacifique, au moyen d'un chemin de fer. Le gouvernement va financer cet audacieux projet et c'est Cartier qui présente le projet de loi à cet effet au printemps de 1872. Deux groupes manifestent de l'intérêt envers ce projet du siècle: l'Interocéanique du Canada, une entreprise basée à Toronto, et le Canadien-Pacifique, compagnie située à Montréal et dirigée par Hugh Allan. En janvier 1873, le contrat est finalement attribué à Allan.

C'est le 2 avril suivant que le député du comté de Shefford, Lucius Seth Huntington, dévoile un énorme scandale et accuse officiellement le gouvernement d'avoir conclu un pacte frauduleux avec sir Hugh Allan, dans ses transactions avec la compagnie Canadien-Pacifique.

Selon le biographe John Boyd, les faits troublants et accablants impliquant Cartier n'ont pas démontré que ce politicien cherchait à s'enrichir personnellement, car cet homme est mort plus pauvre qu'au début de sa carrière politique. Ce qui est dénoncé dans ce scandale est plutôt la façon dont Cartier et son gouvernement ont utilisé le pouvoir pour financer la caisse électorale du Parti conservateur. En échange de l'obtention du contrat, Hugh Allan confirme lui-même lors de l'enquête avoir fourni une somme colossale à l'époque, relate le biographe Boyd:

> Sir Hugh Allan, qui était à la tête du syndicat ayant obtenu la charte pour la construction du Canadien-Pacifique, ne fit aucune difficulté à admettre qu'il avait avancé des sommes s'élevant au total d'environ 350 000 $, à titre de contribution au fond de campagne électorale[...]. Il est évident cependant que Cartier, Macdonald et d'autres membres du gouvernement avaient

reçu de l'argent de sir Hugh Allan pour des fins d'élection.

Lors de l'enquête, on rend publiques des lettres prouvant que Cartier avait demandé des fonds directement à Allan pour financer l'élection de candidats et il est démontré que Cartier avait lui-même reçu 85 000 $. Voici l'exemple d'un mémo rédigé par Cartier et envoyé à Allan:

> Montréal, 30 juillet 1872.
>
> Cher sir Hugh. Les amis du gouvernement s'attendent à ce que des fonds seront versés dans les élections prochaines [...]. Votre tout dévoué Geo.-É. Cartier.
>
> Il faudrait immédiatement pour sir John A. Macdonald, 25 000 $; Hector Langevin, 15 000 $; sir G.-É.C., 20 000 $; sir J.A. (add) [mot indiquant une somme additionnelle requise], 10 000 $; H. Langevin (add.), 10 000 $; sir G.-É.C. (add.), 30 000 $[94].

En raison du scandale, le gouvernement Macdonald finit par abdiquer le 5 novembre 1873. Cartier n'aura pas l'occasion de donner sa version des faits qu'on lui reproche, car il décède avant le début des travaux de la commission d'enquête.

NOTES

Les faits relatés dans ce livre et les citations proviennent, pour la plupart, des ouvrages mentionnés ci-après. *Le Dictionnaire biographique du Canada* a servi, pour sa part, à la rédaction de chacun des cas présentés.

Abréviations:

B.R.H.: Bulletin de recherches historiques
D.B.C.: Dictionnaire biographique du Canada
R.A.P.Q.: Rapport de l'Archiviste de la Province de Québec

1. Trudel, Marcel, «Jean Duval», *D.B.C*, vol. 1, p. 308.

2. Trudel, Marcel, «François Gravé du Pont», *D.B.C.*, vol. 1, p. 355.

3. Giguère, Georges-Émile, *Œuvres de Champlain*, Montréal, Éditions du Jour, 1973, vol. 1, p. 148.

4. Lescarbot, Marc, *Histoire de la Nouvelle-France*, Paris, Librairie Tross, 1866, p. 596-597.

5. Séguin, Robert-Lionel, *La sorcellerie au Canada-français*, Montréal, Librairie Ducharme, 1961, p. 9-21.

6. *Rituel du diocèse de Québec*, publié par l'ordre de Mᵍʳ de Saint-Vallier, Paris, S. Langlois, 1703, p. 309.

7. *The Jesuit Relations and Allied Documents*, New York, Reuben Gold Thwaites, 1953, vol. 46, p. 164.

8. Gosselin, Auguste, *Le vénérable François De Montmorency-Laval*, Québec, Dussault et Proulx Imprimeurs, 1906, p. 88.

9. Lanctot, Gustave, «Pierre Aigron», *D.B.C.*, vol. 1, p. 42.

10. *Jugements et délibérations du Conseil supérieur de Québec*, Québec, A. Côté et cie, 1886, vol. 2, p. 8-9.

11. *Mandements, lettres pastorales et Circulaires des évêques de Québec*, par Mᵍʳ H. Têtu et C.-O. Gagnon, Québec, A. Côté et cie, 1887, p. 15.

12. Ce cas a été commenté par plusieurs historiens. Dans ce livre, les faits sont basés sur cette recherche: Lanctot, Gustave, «Une accusation contre Mᵍʳ De Laval», *Rapport de la Société canadienne d'histoire de l'Église catholique*, 1944-1945, p. 24.

13. Baboyant, Marie, «Jean Peronne Dumesnil», *D.B.C.*, vol. 1, p. 550-551.

14. Roy, Pierre-Georges, «Jean Peronne Dumesnil et ses mémoires», *B.R.H.*, vol. 21, 1915, p. 167.

15. Nadeau, Gabriel, «Jean Madry», *D.B.C.*, vol. 1, p. 489-490.

16. Ahern, M.-J. et George Ahern, *Notes pour servir à l'histoire de la médecine dans le Bas-Canada*, Québec, s. éd., 1923, p. 390.

17. Douville, Raymond, «La dictature de la famille Le Neuf», *Les Cahiers des Dix*, vol. 20, 1955, p. 61-89 et «Michel Leneuf Du Hérisson», *D.B.C.*, vol. 1, p. 478-479.

18. Douville, Raymond, *Les premiers seigneurs et colons de Sainte-Anne-de-la-Pérade*, Trois-Rivières, Éditions du Bien public, 1946, p. 13.

19. Boisonnault, Charles-M., «Michel Gamelin», *D.B.C.*, vol. 1, p. 329-330.

20. Vachon, André, «Louis-Théandre Chartier de Lotbinière», *D.B.C.*, vol. 1, p. 207-208.

21. Lachance, André, *Le bourreau au Canada sous le régime français*, Québec, Société historique de Québec, vol. 18, 1966, 64.

22. Eccles, W.J., «Louis Buade de Frontenac», *D.B.C.*, vol. 1, p. 137-146.

23. Lamontagne, Léopold, «Jacques Duchesneau», *D.B.C.*, vol. 1, p. 296-298.

24. Malchelosse, Gérard, «Perrot, neveu de Talon, deuxième gouverneur de Montréal», *Les Cahiers des Dix*, vol. 7, 1942, p. 129.

25. Eccles, W.J., «François-Marie Perrot», *D.B.C.*, vol. 1, p. 552-554.

26. Séguin, Robert-Lionel, *La vie libertine en Nouvelle-France*, Montréal, Leméac, 1972, vol. 1, p. 332-339.

27. Pothier, Bernard, «Pierre Lemoyne d'Iberville», *D.B.C.*, vol. 2, p. 405-417.

28. Moogk, Peter N., «Guillaume de Lorimier», *D.B.C.*, vol. 2, p. 464-465.

29. Sulte, Benjamin, «Le duel sous le régime français», *B.R.H.*, 1907, vol. 13, p. 132.

30. Roy, Pierre-Georges, «Jacques Bizard, major de Montréal», *B.R.H.*, 1916, vol. 22, p. 297.

31. Eccles, W.J., «Jacques Bizard», *D.B.C.*, vol. 1, p. 106-107.

32. Vachon, André, «Jean-Baptiste Pottier», *D.B.C.*, vol. 2, p. 550-551.

33. Lamontagne, Léopold, «Jacques de Mareuil», *D.B.C.*, vol. 1, p. 499-500.

34. Gosselin, Auguste, «Un épisode de l'histoire du théâtre au Canada», *Mémoires de la Société Royale du Canada*, 1898, p. 60.

35. Kallmann, Helmut, «André-Louis de Merlac», *D.B.C.*, vol. 1, p. 517-518.

36. *Mandements...*, *op. cit.*, vol. 1, p.173.

37. Provost, Honorius, «Jean-François Hamelin», *D.B.C.*, vol. 1, p. 370-371.

38. Douville, Raymond, «Deux officiers indésirables des troupes de la marine», *Les Cahiers des Dix*, 1954, p. 73.

39. Bazin, Jules, «Jean Berger», *D.B.C.*, vol. 2, p. 56-57.

40. Roy, P.-G., «Le châtiment d'un chansonnier à Montréal au XVIIIᵉ siècle», *B.R.H.*, Lévis, s. éd., 1916, p. 46.

41. *Arrêts et règlements du Conseil supérieur de Québec et ordonnances et jugements des intendants du Canada*, Québec, E. R. Fréchette, 1855, vol. 2, p. 271-272.

42. Auger, Roland-J., «Alexandre-Joseph Lestringant», *D.B.C.*, vol. 2, p. 444-445.

43. Blain, Jean, «François-Marie Bouat», *D.B.C.*, vol. 2, p. 85-86.

44. Massicotte, E.-Z., «La famille Bouat», *B.R.H.*, 1924, vol. 30, p. 41.

45. Fauteux, Ægidius, *La famille D'Ailleboust*, Montréal, Ducharme, 1917, p. 140.

46. Pour le récit détaillé de ce scandale et pour comprendre toutes les subtilités de cette guerre de pouvoir entre deux clans, il faut lire ces recherches: Auguste Gosselin, «Sépulture de Mᵍʳ de Saint-

Vallier», *L'Église du Canada*, Québec, Laflamme et Proulx, 1911, vol. 4, p. 449-472 et «Mémoire sur les troubles arrivés à Québec en 1727 et 1728», par l'intendant Dupuy, *R.A.P.Q.*, vol. 1920-1921, p. 76-105.

47. Vachon, André, «Marie-Madeleine Jarret de Verchères», *D.B.C.*, vol. 3, p. 331-336.

48. Séguin, Robert-Lionel, *La vie libertine en Nouvelle-France*, Montréal, Leméac, vol. 2, p. 534.

49. Horton, Donald J., «Gilles Hocquart», *D.B.C.*, vol. 4, p. 381-394.

50. Lachance, André, *Le bourreau au Canada sous le régime français*, Québec, Société historique de Québec, 1966, p. 79.

51. Paquin, Michel, «Nicolas-Auguste Guillet», *D.B.C.*, vol. 3, p. 289-290.

52. Douville, Raymond, «Chirurgiens, barbiers-chirurgiens, charlatans…», *Les Cahiers des Dix*, 1950, p. 114-118.

53. Blais, Marie-Céline, «Yvon Phlem», *D.B.C.*, vol. 3, p. 289-290.

54. Ahern, M.-J. et George Ahern, *Notes pour servir à l'histoire de la médecine dans le Bas-Canada*, Québec, s. éd., 1923, p. 437-438.

55. Fauteux, Ægidius, «Un médecin irlandais à Montréal avant la cession», *B.R.H.*, Lévis, s.éd., 1917, p. 37.

56. Moogk, Peter N., «Thimothy Sullivan», *D.B.C.*, vol. 3, p. 652-654.

57. Paquin, Michel, «Louise-Catherine André de Leigne», *D.B.C.*, vol. 3, p. 14-15.

58. Lachance, André, «François-Charles Havard...», *D.B.C.*, vol. 3, p. 298.

59. Séguin, Robert-Lionel, *La sorcellerie au Canada français*, Montréal, Ducharme, 1961, p. 96-118.

60. Paquin, Michel, «Jean-Michel Houdin», *D.B.C.*, vol. 3, p. 318-319.

61. Trudel, Marcel, *L'Église canadienne sous le Régime militaire 1759-1764*, Québec, P.U.L., vol. 1, p. 184-185.

62. Paquin, Michel, «Pierre Révol», *D.B.C.*, vol. 3, p. 599 et Roy, Pierre-Georges, «Le faux-saunier Pierre Révol», *B.R.H.*, Lévis, s.éd., 1944, p. 194-195.

63. Malchelosse, Gérard, «Faux-sauniers, prisonniers et fils de famille en Nouvelle-France au XVIIIe siècle», *Les Cachiers des Dix*, Montréal, 1944, p. 161-197.

64. Pour tout savoir sur ce scandale: Bosher, J. F. Dubé, J. C., «François Bigot», *D.B.C.*, vol. 4,

p. 65-77 et Guy Fregault, *François Bigot, administrateur français*, Montréal, Institut d'histoire de l'Amérique française, 1948, 2 vol.

65. De Gaspé, Philippe-Aubert, *Les anciens Canadiens*, Montréal, Éditions Fides, 1875, p. 50-51.

66. Lacourcière, Luc, «Le triple destin de Marie-Josephte Corriveau», *Les Cahiers des Dix*, Montréal, 1968, p. 213-242.

67. Lessard, Renard, «Alexandre Serres», *D.B.C.*, vol. 5, p. 826-827.

68. Hayne, David M., «Le théâtre de Joseph Quesnel», *Le théâtre canadien-français*, Montréal, Fides, vol. 5, p. 110.

69. Hare, John E., «Joseph Quesnel», *D.B.C.*, vol. 5, p. 770-773.

70. Galarneau, Claude, «David McLane», *D.B.C.*, vol. 4, p. 542-543.

71. Chabot, Richard, «Charles-Jean-Baptiste Bouc», *D.B.C.*, vol. 6, p. 84.

72. Roberts, David, «François Bellet», *D.B.C.*, vol. 6, p. 54.

73. Roy, Pierre-Georges, *Toutes petites choses du Régime anglais*, Québec, Éditions Garneau, 1946, vol. 2, p. 225-226.

74. Bensley, Edward Horton, «William Caldwell», *D.B.C.*, vol. 6, p. 113-115.

75. Cameron, Christina, «John Cannon», *D.B.C.*, vol. 6, p. 129-131.

76. Deux recherches à consulter sur cette affaire: Dufèbvre, B., «Le roman de Maria Monk», *Revue de l'Université Laval*, 1953-1954 et Sylvain, Philippe, «L'affaire Maria Monk», *Les Cahiers des Dix*, vol. 43, 1983.

77. Filteau, Gérard, «Joseph Duquet», *D.B.C.*, vol. 7, p. 286-287.

78. David, L.O., *Les patriotes de 1837-1838*, Montréal, Librairie Beauchemin, 1884, p. 211-212.

79. Filteau, Gérard, *Histoire des patriotes*, Montréal, Éditions Univers, 1980, p. 430.

80. Leblond, Sylvio, «Le drame de Kamouraska d'après les documents de l'époque», *Les Cahiers des Dix*, vol. 37, 1972, p. 238-273.

81. Lefebvre, Jean-Jacques, «Le curé Louis Nau», *Rapport de la Société canadienne de l'Église catholique*, 1956-1957, p. 68.

82. Chabot, Richard, «Louis Nau», *D.B.C.*, vol. 7, p. 696.

83. Gagnon, Gaston, «Peter McLeod», *D.B.C.*, vol. 8, p. 633.

84. Minville, Louise, *William Price 1810-1850*, Thèse de licence, Université Laval, 1964.

85. Gouin, Jacques, «William Henry Scott», *D.B.C.*, vol. 8, p. 878-879.

86. *The Lower Canada Jurist, Collection de décisions du Bas-Canada*, publiée par John Lovell, vol. 4, 1860, p. 168-169.

87. Bernard, Jean-Paul, «Pierre-Joseph Guitté», *D.B.C.*, vol. 9, p. 379-380.

88. Sylvain, Philippe, «Elzéar Gérin», *D.B.C.*, vol. 11, p. 371-374.

89. Sylvain, Philippe, «Jean-Baptiste-Éric Dorion», *D.B.C.*, vol. 9, p. 230-236.

90. Hébert, Yves, «Adolphe Tourangeau», *D.B.C.*, vol. 12, p. 1158.

91. Bonenfant, J.-C., «Destitution d'un premier ministre et d'un lieutenant-gouverneur», *Les Cahiers des Dix*, 1963, p. 9-10.

92. Rumilly, Robert, «Luc Letellier de Saint-Just», *D.B.C.*, vol. 11, p. 572-575.

93. Bonenfant, J.-C., «Georges-Étienne Cartier», *D.B.C.*, vol. 10, p. 155-165.

94. Boyd, John, *Sir George Cartier, sa vie et son temps*, Montréal, Librairie Beauchemin, 1918, p. 360.

BIBLIOGRAPHIE

1. Sources

Arrêts et règlements du Conseil supérieur de Québec et ordonnances et jugements des intendants du Canada, Québec, E.R. Fréchette, 1854-1856, 3 vol.

Aubert de Gaspé, Philippe, *Les anciens Canadiens*, Montréal, Éditions Fides, 1975, 359 p.

Canadien (Le), le 20 février 1839.

Courrier de Saint-Hyacinthe (Le), le 31 août 1860, le 4 septembre 1860.

Défricheur (Le), le 25 juillet 1866.

Duplessis de Sainte-Hélène, mère Marie-Andrée, Juchereau de Saint-Ignace, mère Jeanne-Françoise, *Les Annales de l'Hôtel-Dieu de Québec*, Québec, Hôtel-Dieu de Québec, 1939, 444 p.

Gazette de Montréal, le 19 octobre 1786, le 18 avril 1792, le 27 septembre 1787, le 26 avril 1792, le 19 novembre 1789 et le 7 janvier 1790.

Gazette de Québec, le 27 mars 1826.

Giguère, Georges-Émile, *Œuvres de Champlain*, Montréal, Éditions du Jour, 1973, vol. 1.

Jesuit Relations and allied documents (The), New York, Reuben Gold Thwaites, 1953, 73 vol.

Journal des Jésuites, par MM. les abbés Laverdière et Casgrain, 3ᵉ éd., Montréal, Éditions François-Xavier, 1973, 403 p.

Journal de la Chambre d'Assemblée du Bas-Canada, Québec, imprimé par John Neilson, le 12 février 1817.

Jugements et délibérations du Conseil supérieur de Québec, Québec, A. Côté, 1885-1891, 7 vol.

Lower Canada Jurist. Collection de décisions du Bas-Canada (The), Montréal, publiée par John Lovell, vol. 4, 1860.

Mandements, lettres et circulaires des évêques de Québec, par Mᵍʳ H. Têtu et C.-O. Gagnon, Québec, A. Côté, 1887.

L'Opinion publique, le 26 mai 1870.

Rapport de l'Archiviste de la Province de Québec: 1920-1921, 1930-1931, 1934-1935, 1944-1945, 1951-1952, 1953-1955.

Rituel du diocèse de Québec, publié par l'ordre de Monseigneur de Saint-Vallier, Paris, S. Langlois, 1703, 604 p.

Roy, Pierre-Georges, *Inventaire des jugements et délibérations du Conseil supérieur de la Nouvelle-France*, Beauceville, L'Éclaireur, 1932-35, 7 vol.

2. Études

Ahern, M.-J. et George Ahern, *Notes pour servir à l'histoire de la médecine dans le Bas-Canada*, Québec, s. éd., 1923, 563 p.

Bertrand, Camille, *Histoire de Montréal*, Montréal, Beauchemin, 1935, 2 vol.

Bonenfant, J.C., «Destitution d'un premier ministre et d'un lieutenant-gouverneur», in *Les Cahiers des Dix*, 1963, n° 28.

Boyer, Raymond, *Les crimes et les châtiments au Canada français*, Montréal, Cercle du Livre de France, 1966, 542 p.

Boyd, John, *Sir George Cartier et son temps*, Montréal, Librairie Beauchemin, 1918, 470 p.

Burger, Baudoin, *L'activité théâtrale au Québec*, Montréal, Parti pris, 1974, 410 p.

Chapais, Thomas, *Cours d'histoire du Canada*, Québec, J.-P. Garneau, 1919-1934, 8 vol.

Le marquis de Montcalm, Québec, J. P. Garneau, 1911, 695 p.

David, L.O., *Les patriotes de 1837-1838*, Montréal, Beauchemin, 1884, 297 p.

De Lalande, J., *Le Conseil souverain en Nouvelle-France*, Québec, L.-A. Proulx, 1927, 358 p.

Dictionnaire biographique du Canada, Presses de l'Université Laval et University of Toronto Press, vol. I à XII.

Douville, Raymond, «Chirurgiens, barbiers-chirurgiens et charlatans de la région trifluvienne sous le régime français», in *Les Cahiers des Dix*, Montréal, n° 15, 1950, p. 81-128.

«Deux officiers indésirables des troupes de la marine», in *Les Cahiers des Dix*, Québec, n° 19, 1954, p. 67-98.

«La dictature de la famille Le Neuf», in *Les Cahiers des Dix*, Montréal, vol. 20, 1955, p. 61-89.

Les premiers seigneurs et colons de Sainte-Anne-de-la-Pérade, Trois-Rivières, Éditions du Bien Public, 1946, 165 p.

Faillon, Étienne Michel, *Histoire de la colonie française en Canada*, Montréal, Bibliothèque paroissiale, 1865-1866, 3 vol.

Fauteux, Ægidius, *La famille d'Ailleboust*, Montréal, Ducharme, 1917, 190 p.

Le duel au Canada, Montréal, Éditions du Zodiaque, 1934, 317 p.

«Un médecin irlandais à Montréal», in *Bulletin des Recherches historiques*, Lévis, s.éd., 1917.

Filteau, Gérard, *Histoire des patriotes*, Montréal, Éditions Univers, 1980, 492 p.

Fregault, Guy, *François Bigot, administrateur français*, Montréal, Institut d'histoire de l'Amérique française, 1948, 2 vol.

Galarneau, Claude, *La France devant l'opinion canadienne*, Québec, P.U.L., 1970, Cahiers de l'Institut d'histoire, n° 16, 401 p.

Gosselin, Auguste, *L'Église du Canada*, Québec, Laflamme & Proulx, 1911-1914, 3 vol.

Le vénérable François de Montmorency-Laval, Québec, Dussault & Proulx, 1906, 452 p.

«Un épisode de l'histoire du théâtre au Canada», in *Mémoires de la Société Royale du Canada*, 1898.

Gouin, Jacques, *William-Henry Scott*, Hull, s.éd., 1972, 40 p.

Hayne, David M., «Le théâtre de Joseph Quesnel», in *Le théâtre canadien-français*, Montréal, Fides, 1976, 1005 p.

Hudon, Théophile, *L'Institut canadien de Montréal et l'affaire Guibord*, Montréal, Beauchemin, 1938, 172 p.

Lachance, André, *Le bourreau au Canada sous le régime français*, Québec, Société historique de Québec, n° 18, 1966, 132 p.

Lacourcière, Luc, «Le triple destin de Marie-Josephte Corriveau», in *Les Cahiers des Dix*, Montréal, n° 33, 1968, p. 213-242.

Lanctot, Gustave, «Une accusation contre Mgr de Laval», in *Rapport de la Société canadienne d'histoire de l'Église catholique*, vol. 1944-1945.

Lauvrière, Émile, *La tragédie d'un peuple*, Paris, Plon, 1924, vol. 1

Leblond, Sylvio, «Le drame de Kamouraska», in *Les Cahiers des Dix*, Québec, vol. 37, 1972, p. 239-273.

Lefebvre, Jean-Jacques, «Le curé Louis Nau», in *Rapport de la Société canadienne d'histoire de l'Église catholique*, vol. 1956-1957.

Lescarbot, Marc, *Histoire de la Nouvelle-France*, nouv. éd., Paris, Librairie Tross, 1866, 3 vol.

Malchelosse, Gérard, «Faux-sauniers, prisonniers et fils de famille en Nouvelle-France», in *Les Cahiers des Dix*, Montréal, n° 9, 1954, p. 161-197.

«Perrot, neveu de Talon, deuxième gouverneur de Montréal», in *Les Cahiers des Dix*, n° 7, 1942, p. 129-160.

Marmette, Joseph, «Rapport», in *Rapport sur les Archives du Canada*, Ottawa, Brown Chamberlin, 1888, 606 p.

Massicotte, E.Z., «La famille Bouat», in *Bulletin des Recherches historiques*, Lévis, s. éd., n° 30, 1924.

Minville, Louise, *William Price 1810-1850*, thèse de licence présentée à l'Université Laval, 1964, 168 p.

Roy, J.-Edmond, *Histoire de la seigneurie de Lauzon*, Lévis, Mercier & cie, 1897-1904, 5 vol.

Roy, Pierre-Georges, «Charles-Baptiste Bouc», in *B.R.H.*, Lévis, s.éd., n° 7, 1901.

«Le châtiment d'un chansonnier», in *B.R.H.*, Lévis, s.éd., 1916.

«Le faux-saunier Pierre Révol», in *B.R.H.*, Lévis, s.éd., 1944.

«Jacques Bizard, major de Montréal», in *B.R.H.*, Lévis, s.éd., n° 22, 1916.

«Jean Peronne Dumesnil et ses mémoires», in *B.R.H.*, s.éd., n° 21, 1915.

Toutes petites choses du régime anglais, Québec, Garneau, 1946, 2 vol.

Rumilly, Robert, *Histoire de la Province de Québec*, Montréal, Bernard Valiquette, [s. date], tome 2.

Séguin, Robert-Lionel, *La sorcellerie au Canada français*, Montréal, Librairie Ducharme, 1961, 191 p.

La vie libertine en Nouvelle-France, Montréal, Leméac, 1972, 2 vol.

Sulte, Benjamin, «Le duel sous le régime français», in *B.R.H.*, Lévis, s.éd., n° 13, 1907.

Sylvain, Philippe, «L'affaire Maria Monk», in *Les Cahiers des Dix*, Québec, n° 43, 1983, p. 167-184.

Trudel, Marcel, *L'Église canadienne sous le régime militaire*, Québec, P.U.L., 1956-1957, 2 vol.

L'esclavage au Canada français, Québec, P.U.L., 1960, 432 p.

Young, Brian, *George-Étienne Cartier*, Montréal, Boréal Express, 1982, 241 p.

INDEX DES NOMS

TABLE DES MATIÈRES

Transcontinental
IMPRESSION
IMPRIMERIE GAGNÉ